STEAM 초등과학 실험캠프

신나는 과학 탐구활동 교과서

건빵박사 조건호 지음 | 민재회 그림

바이킹

이 책을 읽는 여러분께

과학 실험으로
질문하고 답을 찾는 힘을 길러요

안녕하세요? 건빵박사 조건호입니다. '건빵박사'라는 별명은 이름에 '건' 자가 들어간다고 해서 친구들이 지어 줬습니다. 어릴 때는 건빵이라는 별명이 싫었는데, 군대에서 모든 것이 바뀌었어요. 조교가 건빵을 나누어주면서 전쟁터에서 군인에게 건빵은 생명을 살리는 비상식량으로 아주 소중한 것이라고 했습니다. 그제서야 건빵이라는 별명이 좋아지기 시작했습니다. 군인에게 건빵이 소중하듯, 나도 나에게, 친구들에게, 가족에게 소중한 사람인 것을 깨달았습니다. 이후 건빵박사라는 소중한 이름으로 과학에 대한 사랑과 열정을 가꿔 왔습니다. 유레카창의융합센터를 열어 아이들에게 과학을 쉽고 재밌게 알려 주고, 전국 도서관과 과학관에서 멋진 과학 공연을 보여 주며 과학의 즐거움을 전하고 있습니다.

과학은 아주 작은 관찰에서 시작됩니다. 물방울을 자세히 보면 동그랗습니다. 왜 그럴까요? 물 분자가 물 표면에서 서로 붙으려고 하는 표면 장력 때문입니다. 떨어져 있는 물방울 두 개를 이쑤시개로 살짝 붙여 보면 두 물방울이 가까이 갔을 때 갑자기 자석처럼 달라붙습니다. 이처럼 아주 작은 물방울 하나에도 수많은 과학 현상들이 숨어 있습니다. 대충 보면 놓쳐 버리기 쉽지만 자세히 관찰했기 때문에 볼 수 있는 것입니다. 과학은 생각하는 것입니다. '왜 그럴까?' '어떻게 해야 할까?'라는 질문을 던지고 답을 찾아가는 동안 생각하는 힘이 자랍니다.

과학 하는 사람은 기쁨을 맛봅니다. 실험을 통해 물방울 속에 숨어 있는 수많은 원리들을 발견할 때 기쁨은 노다지꾼이 금광을 발견한 것보다, 심마니가 산삼을 발견한 것보다 더 기쁩니다. 아르키메데스는 왕관 무게의 비밀을 발견했을 때 너무 기뻐하는 바람에 목욕하다가 발가벗은 몸으로 뛰어나왔다고 하지요. 이때 외친 말이 "유레카!(알았다)"였습니다. 이처럼 과학은 새로운 것에 도전해 발견하는 기쁨을 찾는 학문입니다. 새롭고 신기한 과학 현상을 발견하는 기쁨을 나누고 싶습니다.

과학은 실패를 통해서 배우는 학문입니다. 실험하면서 실패할까 봐 걱정하는 사람에게 과학은 기쁨이 아니라 두려움입니다. '실패해도 괜찮아!' '새로운 것을 알게 되어 너무 좋아!' '다음에는 성공해야지!'라는 주문을 자신에게 하면서 배우는 과정을 즐겨 보았으면 좋겠습니다. 때로는 실패하는 과정 속에서 더 좋은 결과를 얻기도 하니까요. 부모님들은 아이가 실험하는 동안 실수를 하더라도 너그럽게 보아주고 기다려 주어야 합니다. 그 시간 동안 아이들은 스스로 문제를 해결해 내는 힘을 키울 것입니다.

부모님들은 호기심 많은 아이들의 질문에 일일이 답할 수 없어 과학을 어려워하곤 합니다. 또한 실험 기구와 재료를 구하기 힘들어 집에서 과학 실험하는 것을 힘들어합니다. 이 책에는 주변에서 쉽게 구할 수 있는 재료로 간단하면서 재미난 과학 실험을 담았습니다. 또한 건빵박사 유튜브를 통해 실험 과정을 영상으로 보면서 누구나 쉽게 따라 할 수 있습니다. 특히 아이들이 이해하기 어려워하는 과학 원리는 일러스트로 표현해 쉽게 이해할 수 있도록 했습니다.

과학은 꿈입니다. 건빵박사는 과학이 어렵지만 재밌었습니다. 어릴 때 용돈이 생기면 학교 앞 문구점에서 과학 실험이나 공작 키트를 사서 하루 종일 만들었던 기억이 납니다. 그때는 너무 행복했습니다. 이렇게도 재밌던 과학이 학년이 올라갈수록 어려워졌습니다. 이론 중심의 과학 교육을 받을수록 과학에 흥미를 잃어갔습니다. 건빵박사는 고민했습니다. '과학을 재미있게 배울 방법은 없을까?' 이러한 고민은 '우리나라에서 가장 쉽고 재미있는 과학 책을 만들자' '내 아이에게 가르칠 때도 부끄럽지 않은, 자랑할 만한 책을 만들자'라는 꿈으로 이어졌습니다. 이제 그 꿈을 여러분과 함께 나눌 시간입니다. 건빵박사가 소중히 간직해 왔던 과학 실험 보따리를 소개합니다.

건빵박사 조건호

차례

이 책을 읽는 여러분께 · 2
교과 연계별 실험 모아 보기 · 8
이 책의 활용법 · 10

1장 그림이 물속에서 사라진다고요?
마술사이거나 예술가이거나

1	물속에서 사라지는 그림	15
2	가위로 싹둑! 자석 마술	19
3	우유로 멋진 마블링 작품 만들기	23
4	어떤 공이 먼저 올라올까?	27
5	메추리알을 쏙 빨아들이는 요술 병	31
6	사인펜으로 만드는 크로마토그래피	35
7	원하는 대로 흔들리는 동전	39
8	무거운 병도 거뜬! 나무젓가락의 비밀	43
9	올라갔다 내려갔다 내 맘대로 잠수함	47
10	페트병으로 피리 불기	51

2장 | 화살표 방향이 바뀐다고요?
반대로! 거꾸로! 움직이는 실험

11	화살표 방향을 바꾸는 마술	57
12	저절로 커지는 놀라운 풍선	61
13	물이 쏟아지지 않아요!	65
14	그대로 멈춰라! 액체 탑 쌓기	69
15	색종이가 스스로 일어나요	73
16	보면 볼수록 신기한 뫼비우스의 띠	77
17	누가 누가 더 빠를까? 풍선 보트	81
18	보글보글! 춤추는 공기 방울	85
19	물이 거꾸로 오른다고요?	89
20	물속에서 위로 튀어 오르는 공 마술	93

3장 | 홀로그램을 만들 수 있다고요?
내 손으로 뚝딱! 만드는 실험

21	내 손으로 만드는 홀로그램	99
22	더 오래, 더 멀리 나는 고리 비행기	103
23	물을 아무리 넣어도 넘치지 않는 컵?	107
24	나무젓가락 총을 만들어 보자!	111

25	부릉부릉 풍선 자동차	**115**
26	초간단! 빨대 피리	**119**
27	돌리면 색깔이 달라지는 CD 팽이	**123**
28	대롱대롱 매달려 춤추는 자석 거미	**127**
29	초간단! 나무젓가락 투석기 만들기	**131**
30	빙글빙글 돌아가는 풍선 물레방아	**135**

4장 | 소리를 볼 수 있다고요?
보이지 않는 힘이 나타나는 실험

31	소리를 볼 수 있다고요?	**141**
32	춤추는 포일 구슬	**145**
33	초콜릿으로 무지개를 만들어요	**149**
34	고무줄을 쪼면서 내려오는 딱따구리	**153**
35	소금물로 만드는 달걀 도레미	**157**
36	이쑤시개로 당근과 포크를 드는 비밀	**161**
37	실을 따라 흐르는 물	**165**
38	튼튼한 종이 기둥	**169**
39	사이다 속에서 춤추는 건포도	**173**
40	쟁반과 풍선을 같이 떨어뜨리면?	**177**

5장 | 물풍선을 찔러도 터지지 않는다고요?
가족, 친구랑 같이 하는 놀이 실험

41	찔러도 찔러도 터지지 않는 물 봉지	183
42	통통 튀는 달걀 탱탱볼	187
43	누구에게나 공평한 구슬치기 놀이	191
44	펑! 하고 터지는 종이 폭탄 만들기	195
45	지폐 위에 연필을 올린다고요?	199
46	달걀만 컵 속으로 풍덩!	203
47	도전! 종이컵 위에 올라가기	207
48	꿈틀꿈틀 움직이는 애벌레	211
49	세제 한 방울이면 보트가 슝!	215
50	미로 탈출! 자석 자동차	219

부록 : 신나는 과학 탐구활동

과학 실험 보고서 · 225

관찰 실험 보고서 · 226

도안 ①~⑦ · 227

도움받은 자료 · 237

교과 연계별 실험 모아 보기

	교과 단원	실험 번호	실험 제목	쪽수
과학	1학기 2단원 물질의 성질	41번	찔러도 찔러도 터지지 않는 물 봉지	183쪽
	1학기 4단원 자석의 이용	2번	가위로 싹둑! 자석 마술	19쪽
		28번	대롱대롱 매달려 춤추는 자석 거미	127쪽
		50번	미로 탈출! 자석 자동차	219쪽
3학년	2학기 4단원 물질의 상태	3번	우유로 멋진 마블링 작품 만들기	23쪽
		9번	올라갔다 내려갔다 내 맘대로 잠수함	47쪽
		22번	더 오래, 더 멀리 나는 고리 비행기	103쪽
		30번	빙글빙글 돌아가는 풍선 물레방아	135쪽
		37번	실을 따라 흐르는 물	165쪽
		49번	세제 한 방울이면 보트가 슝!	215쪽
	2학기 5단원 소리의 성질	10번	페트병으로 피리 불기	51쪽
		26번	초간단! 빨대 피리	119쪽
		31번	소리를 볼 수 있다고요?	141쪽
		44번	펑! 하고 터지는 종이 폭탄 만들기	195쪽
4학년	1학기 4단원 물체의 무게	8번	무거운 병도 거뜬! 나무젓가락의 비밀	43쪽
		15번	색종이가 스스로 일어나요	73쪽
		20번	물속에서 위로 튀어 오르는 공 마술	93쪽
		24번	나무젓가락 총을 만들어 보자!	111쪽
		29번	초간단! 나무젓가락 투석기 만들기	131쪽
		34번	고무줄을 쪼면서 내려오는 딱따구리	153쪽
		36번	이쑤시개로 당근과 포크를 드는 비밀	161쪽
		38번	튼튼한 종이 기둥	169쪽
		40번	쟁반과 풍선을 같이 떨어뜨리면?	177쪽

	교과 단원	실험 번호	실험 제목	쪽수
과학				
	4학년			
	1학기 4단원 물체의 무게	45번	지폐 위에 연필을 올린다고요?	199쪽
		47번	도전! 종이컵 위에 올라가기	207쪽
		48번	꿈틀꿈틀 움직이는 애벌레	211쪽
	1학기 5단원 혼합물의 분리	4번	어떤 공이 먼저 올라올까?	27쪽
		6번	사인펜으로 만드는 크로마토그래피	35쪽
		14번	그대로 멈춰라! 액체 탑 쌓기	69쪽
	5학년			
	1학기 4단원 용해와 용액	33번	초콜릿으로 무지개를 만들어요	149쪽
		35번	소금물로 만드는 달걀 도레미	157쪽
	2학기 4단원 물체의 운동	17번	누가 누가 더 빠를까? 풍선 보트	81쪽
		43번	누구에게나 공평한 구슬치기 놀이	191쪽
	2학기 4단원 물체의 운동 심화	7번	원하는 대로 흔들리는 동전	39쪽
		25번	부릉부릉 풍선 자동차	115쪽
		46번	달걀만 컵속으로 풍덩!	203쪽
	2학기 5단원 산과 염기	12번	저절로 커지는 놀라운 풍선	61쪽
		42번	통통 튀는 달걀 탱탱볼	187쪽
	6학년			
	1학기 3단원 여러 가지 기체	5번	메추리알을 쏙 빨아들이는 요술 병	31쪽
		13번	물이 쏟아지지 않아요!	65쪽
		18번	보글보글! 춤추는 공기 방울	85쪽
		19번	물이 거꾸로 오른다고요?	89쪽
		23번	물을 아무리 넣어도 넘치지 않는 컵?	107쪽
		39번	사이다 속에서 춤추는 건포도	173쪽
	1학기 5단원 빛과 렌즈	1번	물속에서 사라지는 그림	15쪽
		11번	화살표 방향을 바꾸는 마술	57쪽
		21번	내 손으로 만드는 홀로그램	99쪽
		27번	돌리면 색깔이 달라지는 CD 팽이	123쪽
	2학기 1단원 전기의 이용 심화	32번	춤추는 포일 구슬	145쪽
수학	4학년 1학기 4단원 평면도형의 이동 심화	16번	보면 볼수록 신기한 뫼비우스의 띠	77쪽

이 책의 활용법

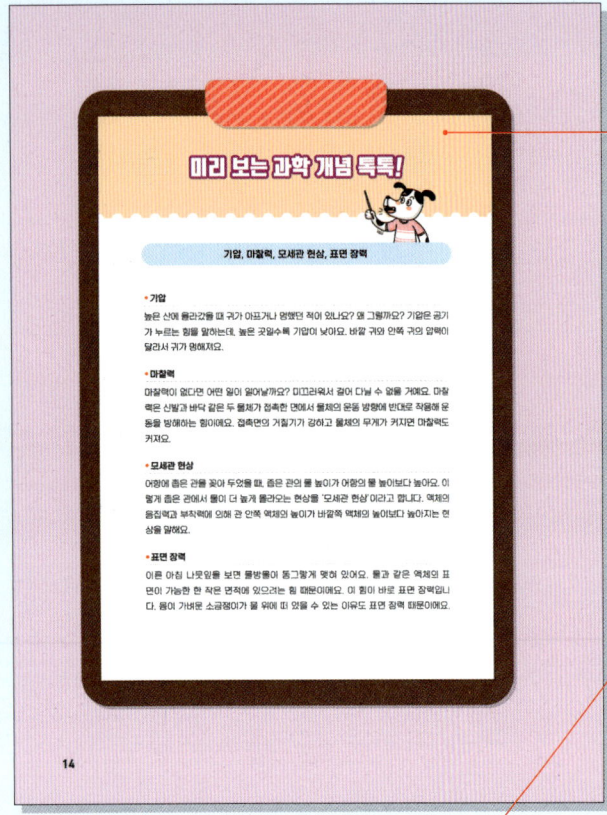

미리 보는 과학 개념 톡톡!
해당 장에서 어떤 과학 개념을 배울 수 있는지 알 수 있습니다. 미리 과학 개념을 예습해요.

교과 연계 및 핵심 개념
실험과 관련된 초등 과학 교육 과정의 단원명을 알 수 있어요. 교과서와 함께 봐도 좋아요.

과학 실험 소개
어떤 과학 실험을 할지 알 수 있어요. 50가지 과학 실험을 만나 봐요!

QR코드
실험 영상을 생생하게 볼 수 있어요. 실험 영상을 본 다음 실험을 따라 하면 더욱 쉬워요.

실험 준비물
과학 실험에 필요한 준비물을 알려 줘요. 날카롭거나 뜨거운 물건을 만질 때는 꼭 어른과 함께하세요!

실험 목표
과학 실험으로 어떤 것을 배울 수 있는지 학습 목표를 적어 두었어요. 실험에 도전하기 전에 읽어 두면 좋겠지요?

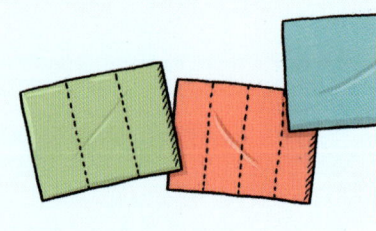

이렇게 실험해요

실험 과정 순서에 따라 차근차근 실험을 이어 나가요.

이렇게 실험해요

1. 거름종이를 잘라 폭이 1cm인 거름종이를 만들어요.
2. 나무젓가락에 따듐을 집은 후 거름종이를 붙여요.
3. 거름종이를 같은 길이로 잘라요. 아래에서 2cm 위에 여러 색 사인펜으로 줄을 그어요.

4. 컵 두 개를 뒤집어 나무젓가락을 걸쳐 올린 다음 거름종이에 닿을 정도로 접시에 물을 부어요.
5. 거름종이가 물을 흡수하면서 사인펜의 색소가 어떻게 분리되는지 관찰해 보세요.

건빵박사의 개념 정리
- **모세관 현상**: 액체가 좁은 관을 통과할 때, 관 안쪽 액체의 높이가 바깥쪽 액체보다 높아져요. 액체의 응집력과 부착력 때문에 생기는 현상이에요.
- **크로마토그래피**: 여러 가지 분자들이 섞여 있는 혼합물에서 이동 속도 차이를 이용해 혼합물을 분리하는 방법.

잠깐!
- 사인펜은 수성 사인펜을 사용해야 해요.
- 사인펜 회사마다 포함된 색소가 다를 수 있습니다. 여러 회사의 같은 색깔 사인펜을 비교해 보세요.
- 접시에 물을 부을 때는 사인펜으로 표시한 선보다 높게 붓지 않도록 주의하세요.

건빵박사의 개념 정리

실험을 통해 알 수 있는 핵심 개념을 풀어 썼어요. 어려운 과학 개념도 쉽게 이해할 수 있을 거예요.

잠깐!

실험할 때 주의해야 할 점이 담겨 있으니 꼭 읽어요. 또한 결과가 더 잘 나오도록 도와주는 도움말이에요.

과학 원리가 쏙쏙!

각 과학 실험 속에 담긴 원리를 그림으로 나타냈어요. 과학 원리를 이해하기 훨씬 쉬울 거예요.

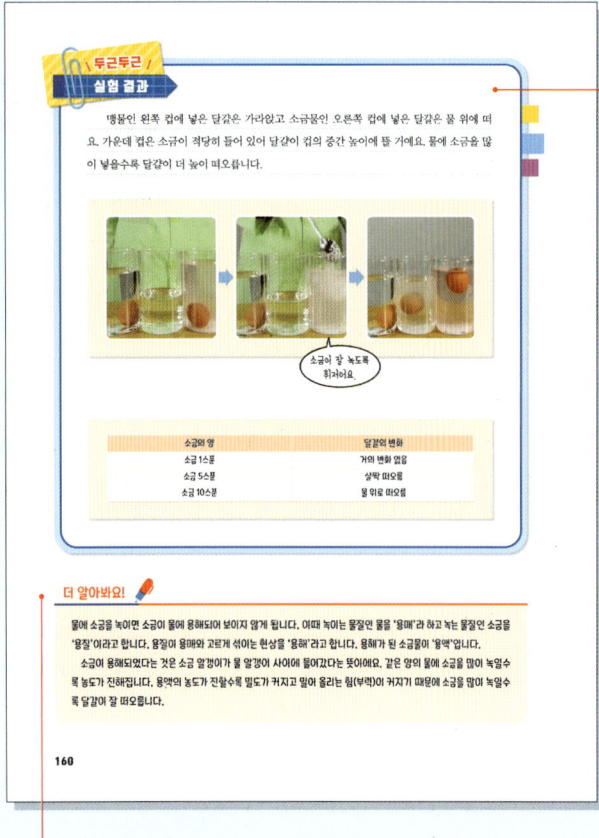

두근두근 실험 결과
과학 실험의 결과를 알려 줍니다. 결과 표를 정리해 한눈에 볼 수도 있어요.

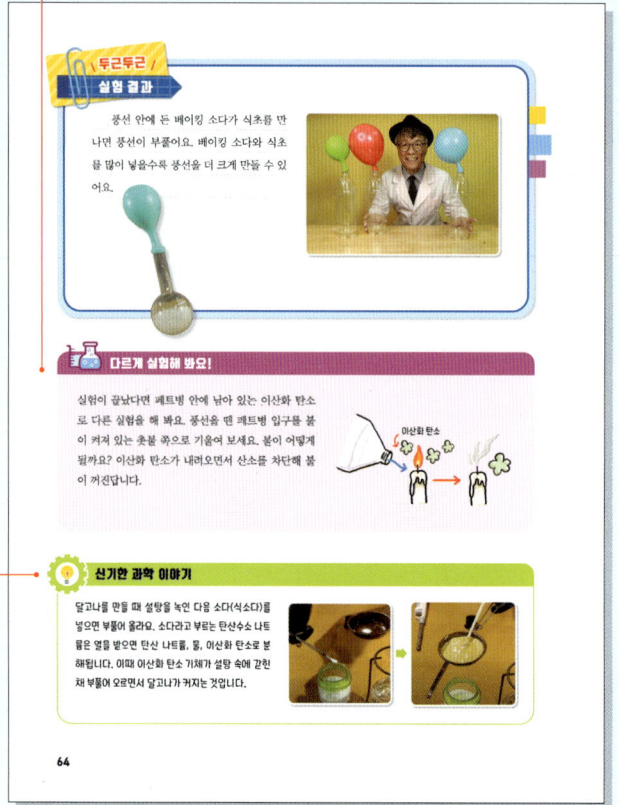

다르게 실험해 봐요!
해당 실험에서 사용했던 준비물을 활용하거나 원리가 비슷한 실험을 할 수 있어요. 과학 개념과 원리를 한 번 더 짚고 넘어가요!

더 알아봐요!
과학 실험에서 배운 개념의 심화 공부를 할 수 있어요.

신기한 과학 이야기
과학 실험에서 다룬 개념이나 원리와 관련된 과학 지식을 담았어요. 메트로놈, 자석의 기원, 정전기 현상을 활용하는 도구 등을 알 수 있어요.

일러두기
- 주제마다 연계한 단원명은 2015 개정 교육 과정을 적용했습니다.
- 칼, 가위, 송곳같이 날카롭거나 촛불, 라이터, 글루 건같이 뜨거운 물건을 사용할 때는 꼭 어른과 함께하세요.
- 물을 이용하는 실험은 욕실에서 하거나 아래에 넓은 대야나 쟁반을 두고 하세요.
- 사진에서 물이 잘 보이도록 색소를 타서 표현한 실험도 있습니다.
- 실험을 한 뒤에는 항상 깨끗하게 뒷정리를 해요.
- 실험을 마친 다음 부록의 과학 실험 보고서, 관찰 실험 보고서를 작성해 보세요.
- 부록에는 실험에 필요한 도안이 있습니다. 가위로 잘라 활용해 보세요.

1장 그림이 물속에서 사라진다고요?

마술사이거나 예술가이거나

그림이 물속에서 사라지거나 나무젓가락 하나로 무거운 병을 드는 마술 실험을 만나요! 사인펜 크로마토그래피나 페트병으로 피리 만들기처럼 예술 감각을 뽐낼 수 있는 멋진 실험들이 가득해요.

미리 보는 과학 개념 톡톡!

기압, 마찰력, 모세관 현상, 표면 장력

• 기압
높은 산에 올라갔을 때 귀가 아프거나 멍했던 적이 있나요? 왜 그럴까요? 기압은 공기가 누르는 힘을 말하는데, 높은 곳일수록 기압이 낮아요. 바깥 귀와 안쪽 귀의 압력이 달라서 귀가 멍해져요.

• 마찰력
마찰력이 없다면 어떤 일이 일어날까요? 미끄러워서 걸어 다닐 수 없을 거예요. 마찰력은 신발과 바닥 같은 두 물체가 접촉한 면에서 물체의 운동 방향에 반대로 작용해 운동을 방해하는 힘이에요. 접촉면의 거칠기가 강하고 물체의 무게가 커지면 마찰력도 커져요.

• 모세관 현상
어항에 좁은 관을 꽂아 두었을 때, 좁은 관의 물 높이가 어항의 물 높이보다 높아요. 이렇게 좁은 관에서 물이 더 높게 올라오는 현상을 '모세관 현상'이라고 합니다. 액체의 응집력과 부착력에 의해 관 안쪽 액체의 높이가 바깥쪽 액체의 높이보다 높아지는 현상을 말해요.

• 표면 장력
이른 아침 나뭇잎을 보면 물방울이 동그랗게 맺혀 있어요. 물과 같은 액체의 표면이 가능한 한 작은 면적에 있으려는 힘 때문이에요. 이 힘이 바로 표면 장력입니다. 몸이 가벼운 소금쟁이가 물 위에 떠 있을 수 있는 이유도 표면 장력 때문이에요.

1. 물속에서 사라지는 그림

교과 단원
6학년 1학기 5단원 빛과 렌즈

핵심 개념
빛의 굴절, 빛의 직진, 전반사

직접 그린 그림을 투명 비닐 봉투에 담아 물컵에 넣어 보세요. 잘 보이지요? 작은 마법을 부리면 그림의 색깔만 없앨 수도 있고 그림 전체를 사라지게 할 수도 있어요. 그럼, 마법을 부려 볼까요?

준비물
- 크기가 다른 OPP 봉투 또는 투명 비닐 봉투 2개
- 그림
- 물
- 유성 매직

빛이 어떤 환경에서 직진하고 굴절하는지 알아봐요.

이렇게 실험해요

1 원하는 그림을 그린 다음, 그림을 비닐 봉투에 넣어요. 큰 비닐 봉투에 한 번 더 넣어요.

2 바깥 비닐 봉투 위에 그림의 테두리 부분만 유성 매직으로 따라 그려요.

3 그림을 잘 따라 그렸는지 확인해요.

4 그림을 물에 넣어요. 그림이 잘 보이나요?

5 그림을 옆으로 살짝 비틀어 각도를 바꿔 봐요. 어떻게 달라 보이는지 비교해요.

건빵박사의 개념 정리

- **빛의 굴절** : 빛이 성질이 다른 물질 속으로 들어갈 때, 경계면에서 빛의 진행 방향이 꺾이는 현상. 두 물질의 밀도 차이 때문에 빛이 꺾여요.
- **빛의 직진** : 빛이 한 물질 안에서 곧게 뻗어 나가는 성질.
- **전반사** : 빛이 성질이 다른 물질 속으로 들어갈 때, 경계면에서 빛이 굴절하지 않고 모두 반사되어 버리는 현상. 빛이 굴절률이 큰 물질에서 작은 물질로 들어갈 때 일어나요.

잠깐!

- 테두리 그림을 굵게 그려야 잘 보입니다.
- OPP 봉투가 없으면 일반 비닐 봉투를 사용해도 됩니다.

물은 어떻게 마술을 부리는 걸까?

빛의 직진

빛은 같은 물질을 통과할 때 일반적으로 직진합니다. 하지만 한 물질에서 다른 물질로 들어갈 때 꺾이기도 해요. 이를 '빛의 굴절'이라고 합니다.

빛의 굴절

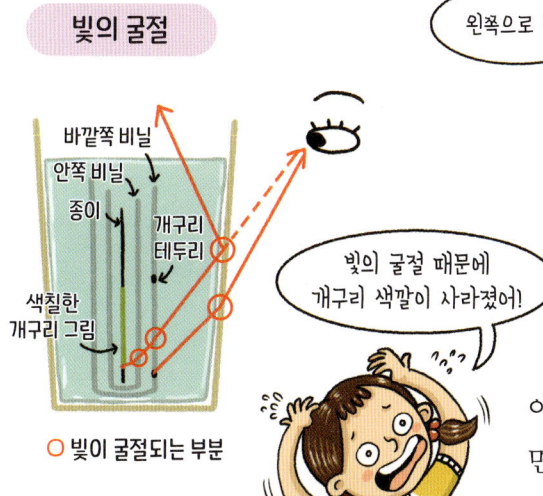

개구리 그림을 작은 비닐 봉투에 넣었을 때 빛이 두 번 꺾이지만 큰 비닐 봉투에 한 번 더 넣으면 빛이 세 번 꺾입니다. 이때 빛이 굴절되면서 큰 비닐 봉투에 그린 테두리만 눈에 보이게 됩니다.

빛의 전반사

바깥 비닐 봉투에 테두리 선을 그리지 않고 그림을 비틀면 개구리 그림 전체가 사라져요. 빛이 전체가 반사되는 전반사가 일어난 것이에요.

실험 결과

개구리 그림을 물속에 넣은 다음 옆으로 살짝 비틀면 색칠한 부분이 사라지고 비닐에 그린 테두리만 남아요. 빛이 꺾이는 굴절 때문이에요.

큰 비닐 봉투 겉면에 개구리 그림의 테두리를 따라 그리지 않고 물속에 넣으면 개구리 그림 전체가 사라져요. 빛이 굴절되지 않고 전체가 반사되어 버리는 전반사 때문이지요.

개구리 그림이 사라졌어요. 전반사가 일어난 거예요.

더 알아봐요!

빛이 렌즈를 통과할 때, 렌즈가 얇은 쪽에서 두꺼운 쪽으로 꺾이는 굴절 현상이 일어나요. 이 성질 때문에 렌즈의 가운데와 가장자리 두께를 달리해서 활용해요.

오목 렌즈는 렌즈의 가운데 두께가 가장자리보다 얇은 렌즈를 말해요. 빛이 오목 렌즈를 통과하면 넓게 퍼집니다. 빛이 넓게 퍼지면서 물체를 작게 보여 줍니다.

반대로 볼록 렌즈는 렌즈의 가운데 두께가 가장자리보다 두꺼워요. 빛이 볼록 렌즈를 통과하면 한 점으로 모여요. 따라서 물체를 크게 보여 줍니다. 돋보기에 볼록 렌즈가 쓰여요.

2 가위로 싹둑! 자석 마술

교과 단원
3학년 1학기 4단원 자석의 이용

핵심 개념
자기력, 자석, 자성

실과 연결된 클립이 아슬아슬하게 공중에 떠 있어요! 자석이 클립을 꽉 잡고 있기 때문입니다. 이때 종이나 플라스틱 접시로 자석의 힘을 방해해 보세요. 여전히 클립이 떠 있을 거예요. 클립을 떨어뜨리려면 어떻게 해야 될까요?

준비물
- ✓ 상자
- ✓ 자석
- ✓ 클립
- ✓ 실
- ✓ 가위
- ✓ 투명 테이프
- ✓ 플라스틱 접시
- ✓ 종이

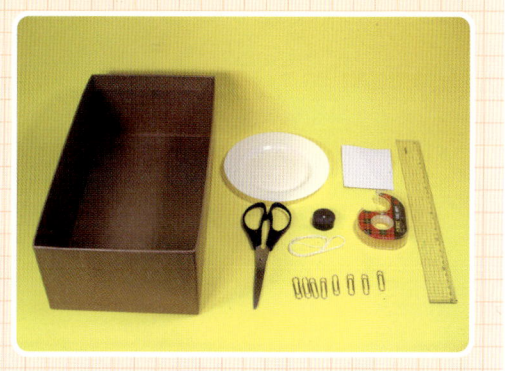

자석에는 당기는 힘이 있음을 눈으로 확인할 수 있어요.

이렇게 실험해요

1 종이 상자 위에 자석을 올려요. 자석을 둔 곳 아래에 클립을 대면 클립이 상자에 붙어요.

2 클립에 실을 묶어요.

3 실을 아래쪽으로 조금 당겨 자석과 클립 사이에 공간을 만들어요. 실 아래쪽을 테이프로 붙여요.

4 자석과 클립 사이에 접시나 종이를 넣어요. 클립이 아래로 떨어지는지 확인해요.

5 이번엔 자석과 클립 사이에 가위를 넣어 봐요!

건빵박사의 개념 정리

- **자기력** : 자석과 자석 사이 또는 자석과 쇠붙이 사이에 작용하는 힘. 쇠붙이에 자석을 가까이 대면 쇠붙이가 자석에 붙어요.
- **자석** : 철과 같은 쇠붙이를 끌어당기는 자성을 지닌 물체. 자연에서 발견되는 자철석이라는 광물로 만든 자석을 천연 자석이라 해요. 인공적으로 만들기도 합니다.
- **자성** : 자기를 띤 물체가 가지는 여러 가지 성질. 자석을 두 개로 잘라도 각각 자석의 성질을 유지해요.

잠깐!

- 가위로 실을 자르지 말고 자석과 클립 사이 공간에 가위를 넣어요.
- 클립과 가위의 사이를 조금씩 넓히면서 실험해 보세요.

가위를 넣었을 때 클립이 떨어지는 이유는?

우리 눈에 보이지 않지만 자석은 철과 같은 쇠붙이를 끌어당기는 힘이 있답니다. 자기력은 종이나 플라스틱 같은 물질을 통과해 클립을 끌어당길 수 있어요. 하지만 철로 만든 가위는 클립을 끌어당기는 자기력을 모두 가져가기 때문에 클립이 바닥으로 떨어져요.

자석에는 클립을 잡아당기는 힘이 있어요.

자기력선

클립이 붕 떠 있네!

종이도 넣어 보고

플라스틱 접시도 넣어 봤지만

문제없지!

가위를 넣으면?

내가 자석의 힘을 다 가져갔지!

가위는 철이라서 자석의 힘을 모두 가져가 버리는구나!

실험 결과

자석과 클립 사이에 종이나 플라스틱 접시를 넣어도 클립이 아래로 떨어지지 않아요. 하지만 가위를 넣는 순간 공중에 떠 있던 클립이 바닥으로 떨어집니다. 자석과 클립 사이에 넣는 물체가 자기력을 통과시키는지에 따라 실험 결과는 달라집니다.

자석과 클립 사이에 다양한 물건을 넣어 보세요. 자석에 붙는 물건인지 구분할 수 있어요.

자석에 붙는 물건	자석에 붙지 않는 물건
철로 만든 캔	알루미늄 캔
철로 만든 자	플라스틱 자
철로 만든 가위	금반지
철사	지우개

다르게 실험해 봐요!

매달려 있는 클립에 다른 클립을 붙여 봐요. 자석의 힘으로 클립이 연달아 붙을 거예요. 자석에서 클립을 떼어 내도 클립끼리 꽤 오랫동안 잘 붙어 있어요.

신기한 과학 이야기

약 2,500년 전에 터키의 마그네시아라는 지방에서 검은 돌이 발견되었어요. 이 검은 돌에 철로 만들어진 물질이 한번 붙으면 잘 떨어지지 않았지요. 검은 돌이 발견된 지역의 이름을 따서 자석을 영어로 마그넷(magnet)이라고 부르게 되었답니다.

오늘날 자석은 일상에서 유용하게 쓰이고 있어요. 위치를 알려 주는 나침반, 음악을 크게 들려 주는 스피커, 자판기의 동전 검사기, 냉장고 문, 선풍기 모터, 신용 카드까지 자석을 사용한답니다.

3 우유로 멋진 마블링 작품 만들기

교과 단원
3학년 2학기 4단원 물질의 상태

핵심 개념
계면 활성제, 표면 장력

물과 기름이 섞이지 않는 성질을 이용해 만든 미술 작품을 '마블링'이라고 합니다. 마블링 기법에 세제를 활용하면 더욱 멋진 그림이 나타나요. 우유와 물감, 세제를 이용해 나만의 예술 작품을 만들어 봅시다!

준비물
- ✓ 물감 또는 색소
- ✓ 세제
- ✓ 우유
- ✓ 면봉
- ✓ 접시

표면 장력을 약하게 만드는 계면 활성제의 성질을 확인할 수 있어요.

23

이렇게 실험해요

1 접시에 우유를 부어요.

2 접시 가운데에 여러 색의 물감을 두세 방울씩 떨어뜨려요.

3 면봉에 세제를 묻혀요.

4 세제를 묻힌 면봉을 물감을 떨어뜨린 가운데 부분에 대고 꾹 눌러요.

5 물감이 어떻게 퍼지는지 관찰해 보세요.

건빵박사의 개념 정리

- **계면 활성제** : 친수성(물과 친한 성질)과 소수성(물과 친하지 않은 성질) 성분을 둘 다 가지고 있어서 물과 기름을 잘 섞이게 해 주는 물질. 표면 장력을 감소시킵니다.
- **표면 장력** : 액체의 표면이 가능한 한 작은 면적에 있으려는 힘. 물체 속 분자 사이에 끌어당기는 힘인 인력으로 액체의 표면에 생기는 응집력을 말해요.

잠깐!

- 물감이 옷에 묻지 않도록 주의하세요.
- 세제를 묻힌 면봉을 여러 번 찍지 말고 한 번 꾹 누른 다음 멈춰 있어요.
- 면봉으로 세제 대신 물에 젖은 비누를 문질러 찍어 보세요.

표면 장력을 없애는 세제의 비밀은?

비누나 세제에는 계면 활성제라는 성분이 들어 있어요. 계면 활성제는 액체의 표면 장력을 약하게 만들어요. 세제를 묻힌 면봉으로 물감 가운데를 누르는 순간 계면 활성제가 우유의 표면 장력을 약하게 만들어 단숨에 물감이 퍼집니다.

두근두근 실험 결과

세제를 묻힌 면봉으로 접시 가운데 부분을 누르면 물감들이 면봉으로부터 사방으로 퍼지게 됩니다. 이때 물감이 퍼지면서 다양한 색끼리 섞이기도 하고 신기한 모양으로 퍼져 나가요. 면봉을 꾹 오랫동안 누르고 있으면 주위에 물감이 거의 사라져 버릴 거예요.

면봉을 누른 채 한 방향으로 돌리면 나무의 나이테 같은 멋진 무늬를 만들 수 있어요. 어느 정도 퍼진 상태에서 면봉으로 다른 부분을 누르면 고급스러운 대리석 무늬도 만들 수 있지요.

면봉에 다양한 물질을 묻혀 봐요. 세제나 비눗물같이 계면 활성제가 들어 있는 물질을 묻힌 면봉으로 가운데 부분을 꾹 누르면 물감이 퍼지는 현상을 확인할 수 있어요.

면봉에 묻힌 물질	물감이 퍼짐	물감이 퍼지지 않음
물		O
세제	O	
식용유		O
비눗물	O	

💡 신기한 과학 이야기

비누와 세제에 들어 있는 계면 활성제 덕분에 때가 묻은 손이나 기름이 묻은 그릇을 깨끗하게 닦을 수 있지요. 계면 활성제는 치약, 샴푸뿐만 아니라 달걀노른자에도 들어 있답니다.

4 어떤 공이 먼저 올라올까?

교과 단원
4학년 1학기 5단원 혼합물의 분리

핵심 개념
마찰, 밀도

물에 구슬을 넣으면 가라앉지만 탁구공을 넣으면 뜹니다. 물보다 밀도가 큰 것은 가라앉고 밀도가 작은 것은 물에 뜨는 원리 때문이지요. 쌀통에서도 가벼운 것은 올라오고 무거운 것은 아래로 내려가요! 왜 그럴까요?

준비물
- ✓ 쌀
- ✓ 골프공
- ✓ 스티로폼 공
- ✓ 유리구슬
- ✓ 탁구공
- ✓ 반찬 통

밀도의 차이를 눈으로 확인할 수 있어요.

이렇게 실험해요

1 통에 쌀을 담은 다음 골프공, 스티로폼 공, 유리구슬, 탁구공을 올려요.

2 공과 구슬을 쌀 아래에 묻어요.

3 쌀통을 좌우로 빠르게 흔들어요.

4 어느 공부터 올라오는지 기록해요.

5 안에 남아 있는 구슬을 마저 꺼내요.

건빵박사의 개념 정리

- **마찰** : 두 물체가 접촉했을 때 접촉면에서 움직임을 방해하는 현상.
- **밀도** : 일정한 공간에 물질이 빽빽이 들어 있는 정도. 물질의 단위 부피당 질량, 즉 질량을 부피로 나눈 값을 말해요.

잠깐!

- 쌀통을 흔들 때 쌀알이 밖으로 튀어나오지 않도록 주의하세요.
- 통에 쌀, 콩, 공기알 등을 넣고 흔들어 보세요. 무엇이 먼저 올라오나요?

유리구슬만 올라오지 못한 이유는?

쌀통의 쌀 알갱이 사이에는 작은 공간이 있어요. 쌀통을 흔들면 쌀알이 움직이면서 마찰에 의해 쌀알보다 밀도가 작은 공을 위로 밀어 올리게 됩니다. 밀도 차이에 의해 쌀알보다 밀도가 작은 스티로폼 공, 탁구공, 골프공이 뜨고, 쌀알보다 밀도가 큰 유리구슬은 가라앉는 원리예요.

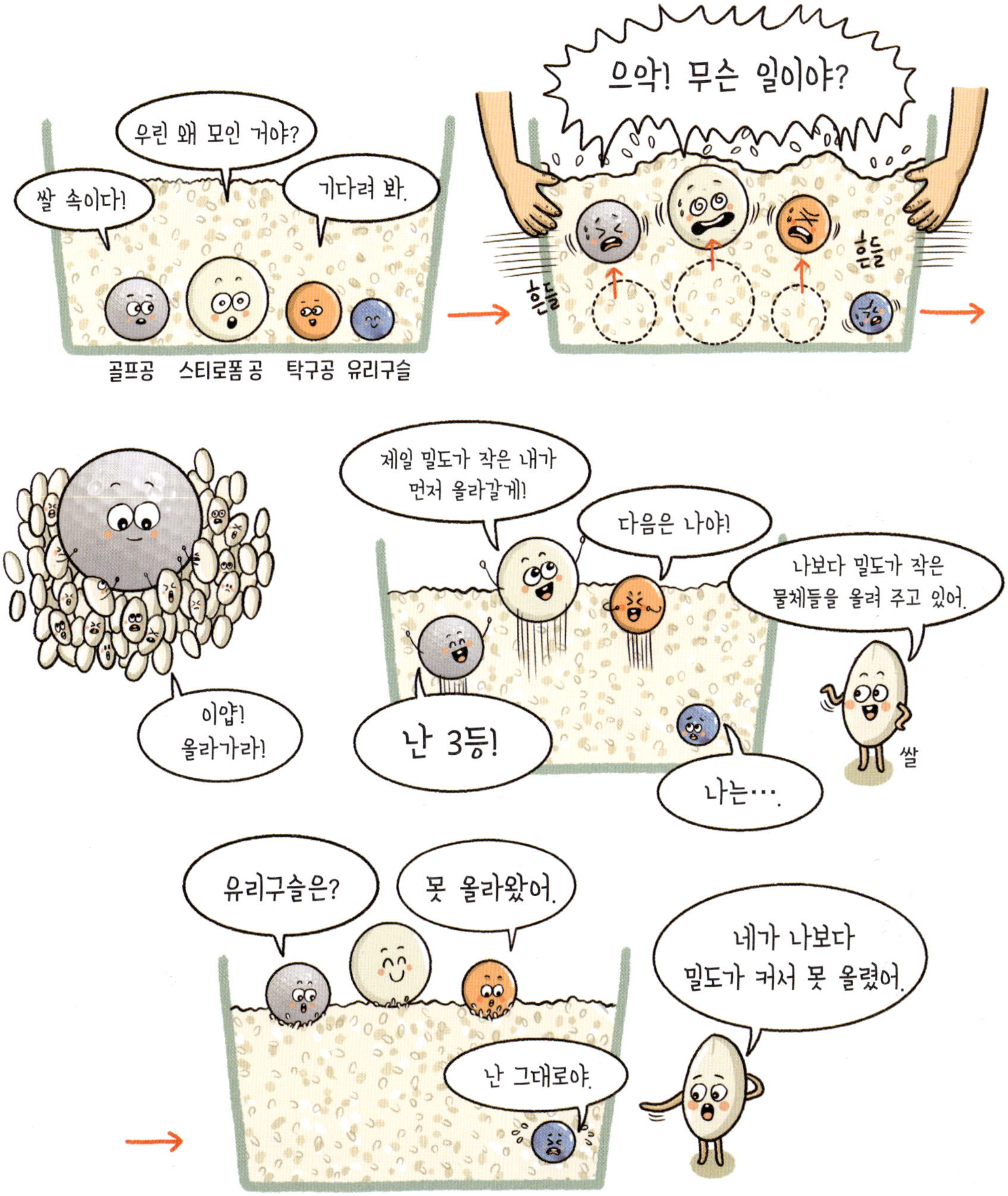

두근두근 실험 결과

쌀통을 흔들면 밀도가 작은 공부터 쏙! 하고 올라와요. 올라온 공의 순서는 스티로폼 공, 탁구공, 골프공이에요. 밀도가 작은 공부터 밀도가 큰 공 순서로 떠오르지요. 밀도가 커서 떠오르지 못한 유리구슬은 바닥에 그대로 있습니다.

공의 밀도에 따라 올라오는 순서가 달라져요.

공이 올라온 순서	
첫 번째로 올라온 공	스티로폼 공
두 번째로 올라온 공	탁구 공
세 번째로 올라온 공	골프공
내려가는 공	유리구슬

다르게 실험해 봐요!

귤 껍질과 껍질을 벗긴 귤을 물컵에 넣어 보세요. 귤 껍질과 귤이 어떻게 되는지 비교해 보세요. 귤 껍질은 둥둥 떠 있고, 껍질을 벗긴 귤은 가라앉아요. 어느 쪽이 밀도가 더 큰가요?

5 메추리알을 쏙 빨아들이는 요술 병

교과 단원
6학년 1학기 3단원 여러 가지 기체

핵심 개념
기압, 온도에 따른 기체의 부피 변화

실수로 페트병에 뜨거운 물을 부었을 때 찌그러지는 모습을 본 적 있나요? 페트병 안쪽 공기와 바깥쪽 공기의 온도가 달라지면서 기압(공기의 압력)에 차이가 생겼기 때문이에요. 공기의 온도와 압력을 활용해 메추리알 요술을 부려 봐요!

준비물
- 목이 좁은 유리병
- 삶은 메추리알
- 그릇
- 물
- 컵
- 전기 포트

공기가 누르는 힘을 직접 눈으로 볼 수 있어요.

이렇게 실험해요

1. 유리병에 뜨거운 물을 천천히 부어요. *어른과 함께해요!

2. 뜨거워진 유리병에 든 물을 그릇에 부어요.

3. 뜨거워진 유리병 입구에 메추리알을 올려요. 그다음 메추리알 위에 차가운 물을 부어요.

4. 메추리알이 어떻게 되는지 관찰해 보세요.

건빵박사의 개념 정리

- **기압** : 공기가 누르는 힘. 기압 또는 대기압이라 합니다. 높은 곳일수록 기압이 낮아요.
- **온도에 따른 기체의 부피 변화** : 기체는 온도가 올라가면 분자 운동이 활발해져 부피가 늘어나고, 온도가 낮아지면 부피가 줄어들어요.

잠깐!

- 메추리알 껍데기를 벗길 때 조심히 벗겨요. 흠집이 없어야 메추리알이 잘 내려갈 거예요.
- 미지근한 물보다 뜨거운 물을 사용해요. 뜨거운 물을 사용할 때는 데지 않도록 두꺼운 장갑을 끼세요.

병은 어떻게 메추리알을 빨아들일까?

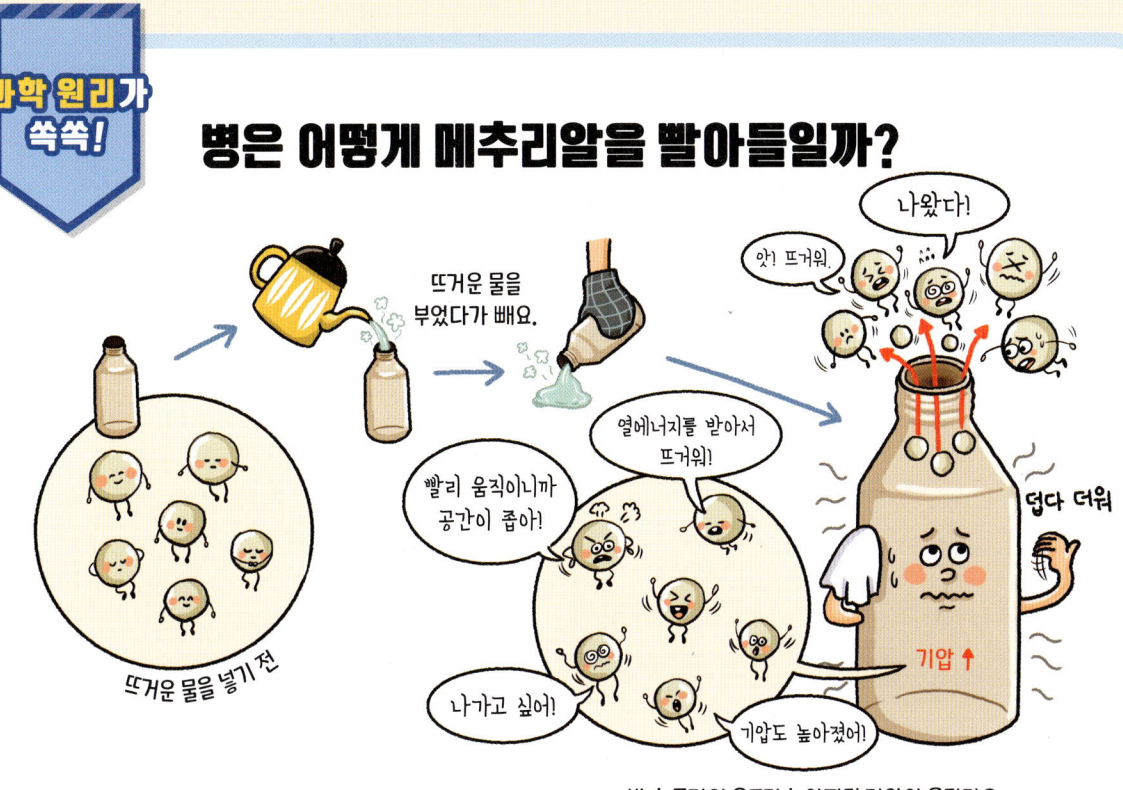

병 속 공기의 온도가 높아지면 기압이 올라가요.

메추리알을 올린 병에 차가운 물을 부으면 병 안쪽의 공기 온도가 낮아지면서 병 안쪽 기압이 바깥쪽 기압보다 낮아집니다. 공기는 기압이 높은 곳에서 낮은 곳으로 흘러요. 따라서 공기가 기압이 높은 병 바깥쪽에서 기압이 낮은 병 안쪽으로 들어가려고 해요. 이때 메추리알도 공기와 함께 병으로 들어가게 됩니다.

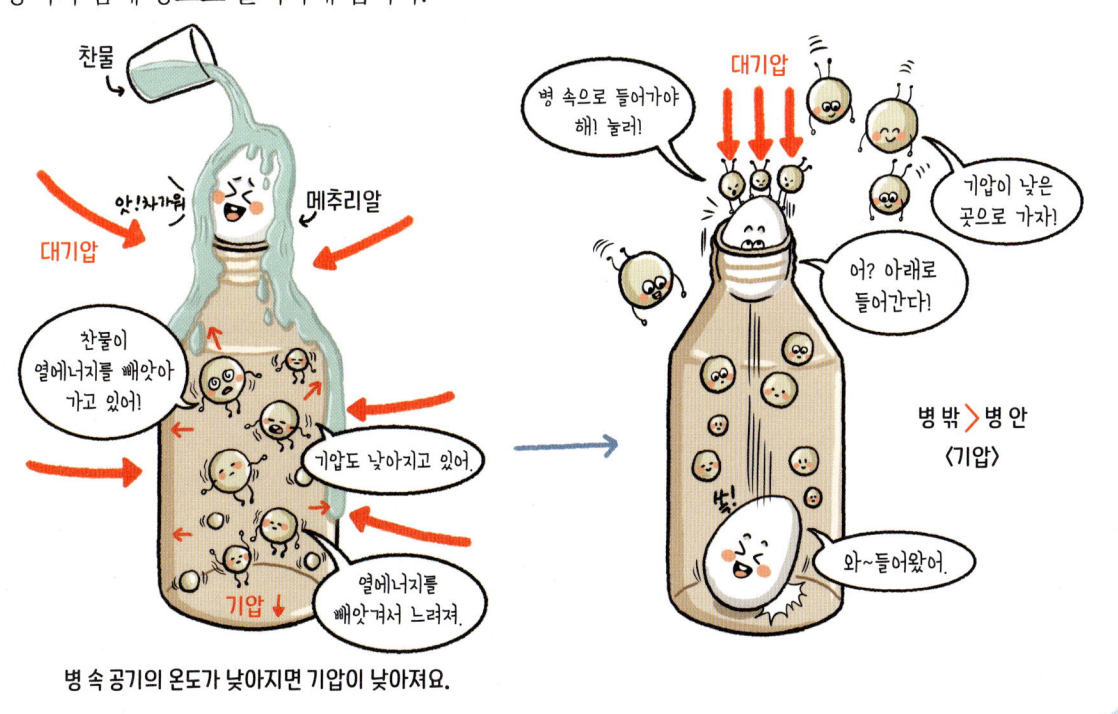

병 속 공기의 온도가 낮아지면 기압이 낮아져요.

두근두근 실험 결과

뜨거워진 유리병에 차가운 물을 부으면 병 안쪽 공기가 차가워져요. 병이 충분히 차가워지면 메추리알이 병 속으로 쏙 들어갈 거예요.

물의 온도에 따라 메추리알에 어떤 변화가 있는지 비교해 보세요.

물의 온도	메추리알이 들어감	메추리알이 움직이지 않음
차가운 물	O	
미지근한 물		O
뜨거운 물		O

주의! 뜨거운 물을 부을 때는 병이 깨지지 않도록 조금씩 부어 봅니다.

아래 사진처럼 뜨거워진 유리병을 차가운 물에 넣어도 메추리알이 쏙 들어가요.

병이 뜨거우니 조심해요!

차가운 물

다르게 실험해 봐요!

이번엔 풍선으로 실험해 봐요. 풍선을 병 입구에 들어갈 정도로 불어서 입구에 끼워요. 병을 뒤집은 다음 병 위로 뜨거운 물을 부으면 풍선은 어떻게 될까요? 뜨거운 물 때문에 기압이 높아진 병 안쪽 공기들이 기압이 낮은 바깥쪽으로 나가려고 할 거예요. 그 힘 때문에 풍선이 밖으로 나옵니다.

*어른과 함께해요!

뜨거운 물을 붓기 전

뜨거운 물을 부은 후

6 사인펜으로 만드는 크로마토그래피

교과 단원
4학년 1학기 5단원 혼합물의 분리

핵심 개념
모세관 현상, 크로마토그래피

검은색, 파란색, 빨간색 사인펜에는 한 가지 색소가 아닌 여러 색소가 섞여 있어요.
사인펜의 색소를 분리하는 실험을 해 봐요! 어떤 색깔이 나올까요?

준비물
- ✓ 거름종이
- ✓ 수성 사인펜
- ✓ 접시
- ✓ 컵, 물
- ✓ 나무젓가락
- ✓ 투명 테이프
- ✓ 가위
- ✓ 딱풀

모세관 현상을 설명할 수 있어요.

이렇게 실험해요

1 거름종이를 잘라 폭이 1cm인 거름종이를 만들어요.

2 나무젓가락에 딱풀을 칠한 후 거름종이를 붙여요.

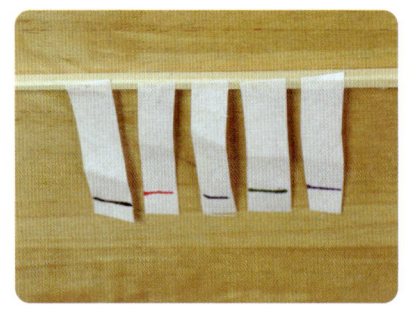

3 거름종이를 같은 길이로 잘라요. 아래에서 2cm 위에 여러 색 사인펜으로 줄을 그어요.

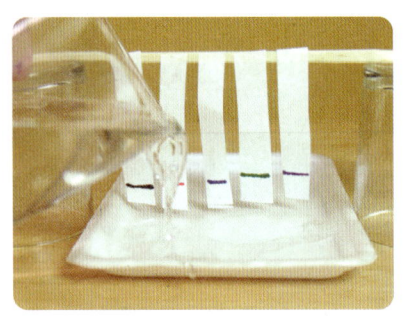

4 컵 두 개를 뒤집어 나무젓가락을 걸쳐 올린 다음 거름종이에 닿을 정도로 접시에 물을 부어요.

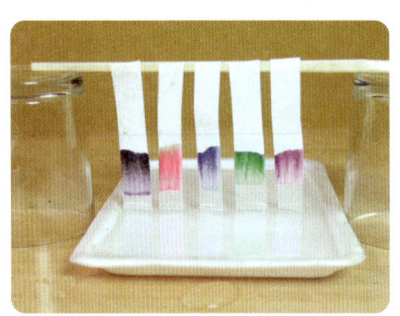

5 거름종이가 물을 흡수하면서 사인펜의 색소가 어떻게 분리되는지 관찰해 보세요.

건빵박사의 개념 정리

- **모세관 현상** : 액체가 좁은 관을 통과할 때, 관 안쪽 액체의 높이가 바깥쪽 액체의 높이보다 높아져요. 액체의 응집력과 부착력 때문에 생기는 현상이에요.
- **크로마토그래피** : 여러 가지 분자들이 섞여 있는 혼합물에서 이동 속도 차이를 이용해 혼합물을 분리하는 방법.

잠깐!

- 사인펜은 수성 사인펜을 사용해야 해요.
- 사인펜 회사마다 포함된 색소가 다를 수 있습니다. 여러 회사의 같은 색깔 사인펜을 비교해 보세요.
- 접시에 물을 부을 때는 사인펜으로 표시한 선보다 높게 붓지 않도록 주의하세요.

다양한 색깔이 나타나는 이유는?

사인펜 한 색깔에도 여러 색소가 들어 있어요. 여러 색소가 섞여 한 가지 색깔을 만드는 것이지요. 모세관 현상 때문에 올라가는 물이 사인펜과 만나면 색소와 함께 위로 이동해요. 이때 여러 색소들이 나타나는데, 색소마다 움직이는 속도가 다르기 때문이에요.

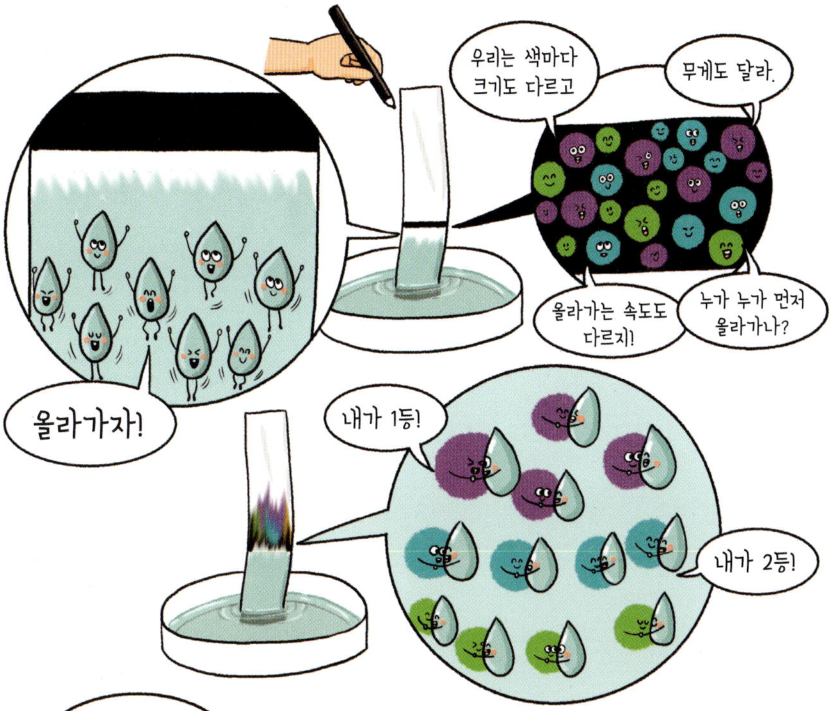

모세관 현상은 종이나 수건뿐만 아니라 식물의 줄기에서도 일어나요. 물의 응집력과 부착력, 표면 장력이 작용한 결과예요. 물은 관이 가늘수록 높이 올라가요.

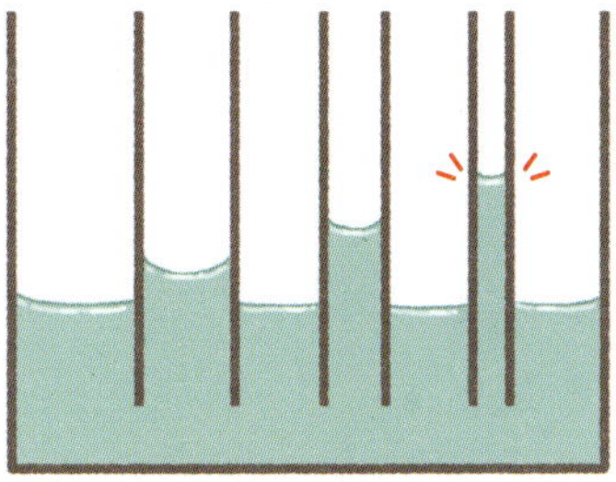

모세관 현상

두근두근 실험 결과

모세관 현상 때문에 거름종이 아래쪽부터 스며든 물이 위로 올라가면서 한 색깔의 사인펜에서 여러 가지 색소를 볼 수 있어요. 색소마다 올라가는 속도가 다른 점도 확인할 수 있지요. 이렇게 색소 등 다양한 분자들이 섞여 있는 혼합물에서 각 성분을 분리하는 방법을 '크로마토그래피'라고 합니다.

다르게 실험해 봐요!

거름종이에 사인펜으로 알록달록 그림을 그린 후 스포이트로 물을 떨어뜨리면 사인펜 속의 색소가 퍼지면서 예쁜 무늬를 만들어요. 거름종이를 리본처럼 묶은 다음 아이스크림 막대 사이에 끼운 후 고무줄로 고정해 집게처럼 만들 수도 있어요. 책갈피나 머리핀으로 사용해 보세요.

다양한 무늬를 만들어 보세요!

신기한 과학 이야기

높이가 100미터가 넘는 메타세쿼이아 나무는 땅속의 물을 어떻게 높이 달려 있는 잎까지 끌어 올릴 수 있을까요? 뿌리에서는 삼투 현상으로 물을 빨아들이고 줄기의 물관에서는 모세관 현상으로 물을 조금씩 올려 보내기 때문이에요.

물을 올리는 가장 큰 힘은 잎에서 물이 수증기로 증발하는 증산 작용 때문에 생겨요. 빨대로 음료수를 마실 때 빨대의 공기를 빨아들이면 음료수가 계속 위로 올라오지요. 이처럼 잎에서 수분이 증발하면 비어 버린 공간을 채우기 위해 물이 계속 올라온답니다.

7 원하는 대로 흔들리는 동전

교과 단원
5학년 2학기 4단원 물체의 운동 심화

핵심 개념
공명, 주기, 진동, 진자

길이가 다른 실 세 줄을 자에 붙이기만 하면 마술 준비는 끝났어요. 자, 친구에게 원하는 실 한 줄을 고르라고 해요. 그럼 우리는 그 한 줄만 움직일 수 있어요. 어떤 원리가 숨어 있을까요?

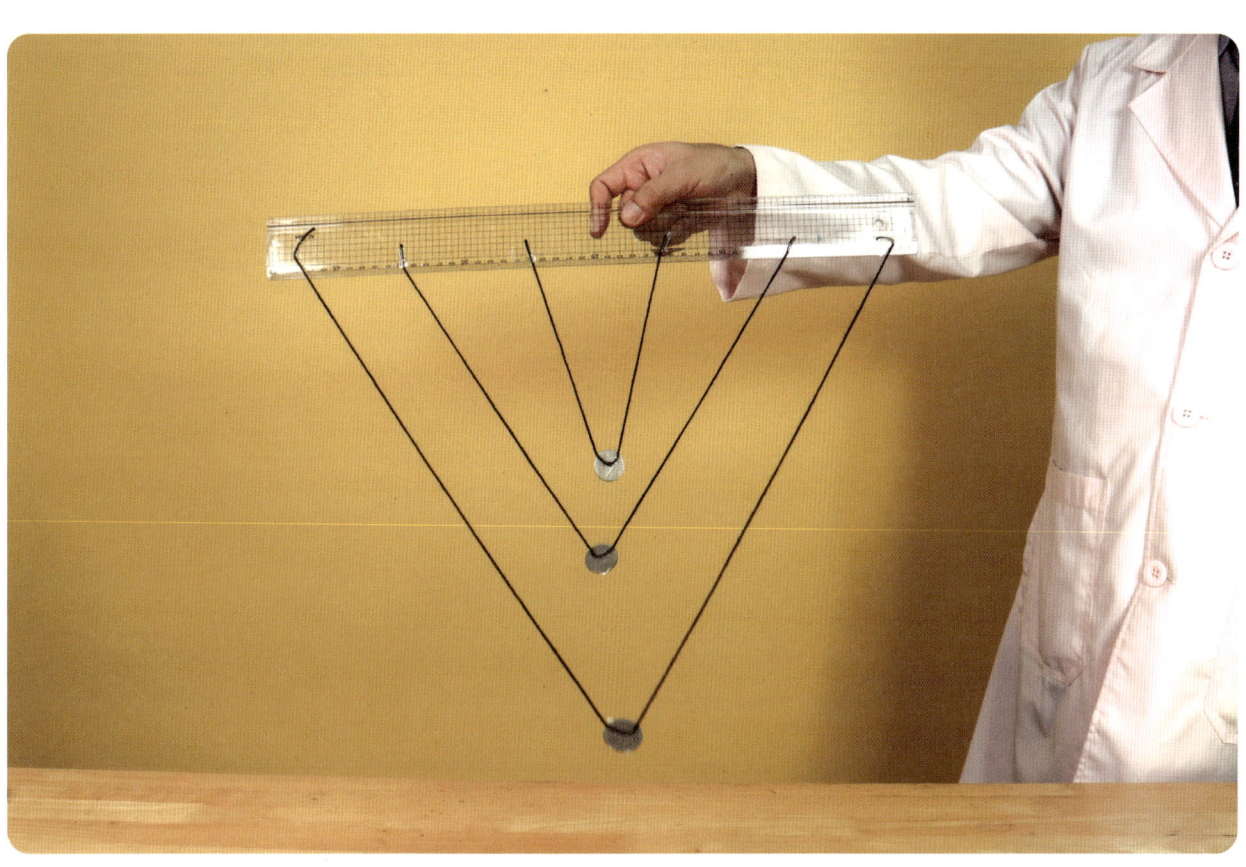

준비물
- 35cm 실
- 50cm 실
- 90cm 실
- 동전 3개
- 투명 테이프
- 50cm 자

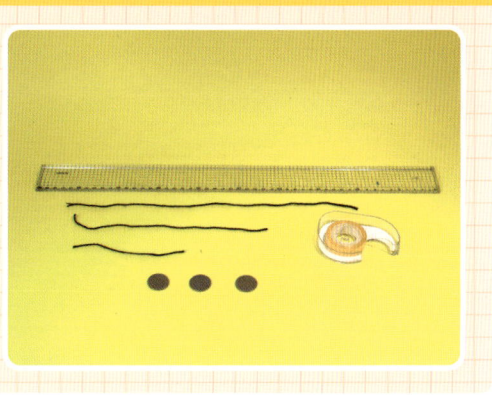

실의 길이에 따라 주기가 어떻게 달라지는지 알아봐요.

39

이렇게 실험해요

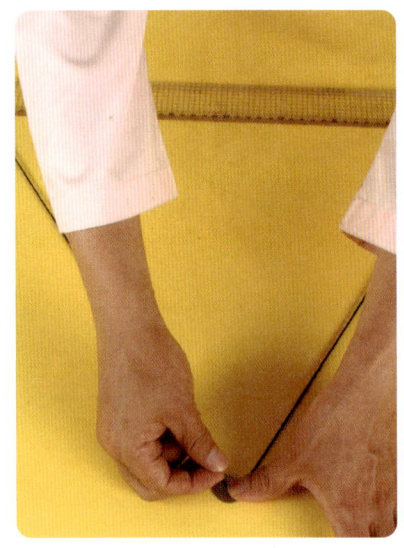

1 90cm 실의 양 끝을 자의 2cm와 48cm 눈금에 붙여요. 실을 연결했다면 가운데에 동전을 테이프로 붙여요.

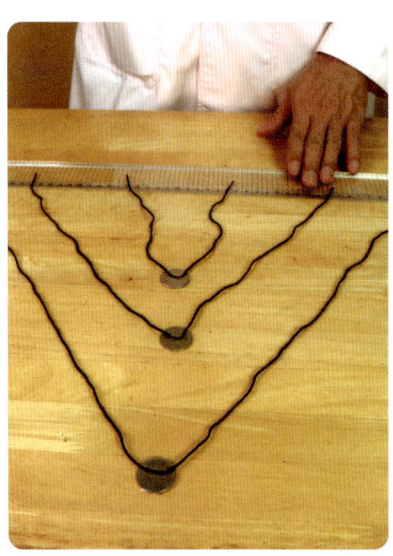

2 50cm 실을 10cm와 40cm 눈금에 붙여요. 35cm 실을 20cm와 30cm 눈금에 붙여요. 나머지 실도 가운데에 동전을 테이프로 붙여요.

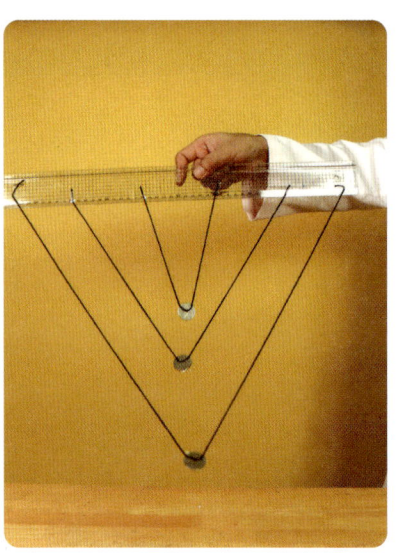

3 자를 빨리 흔들거나 천천히 흔들어요. 어떤 차이가 있는지 비교해요.

건빵박사의 개념 정리

- **공명** : 모든 물체는 자신만의 진동수인 고유 진동수가 있어요. 외부에서 같은 진동수의 힘이 가해지면 두 진동이 합쳐져 큰 진폭으로 진동하는 현상을 공명(공진)이라 해요.
- **주기** : 시계추 같은 물체가 일정하게 반복적으로 움직일 때, 한 번 왔다 갔다 하는 데 걸리는 시간.
- **진동** : 물체가 같은 시간 간격으로 앞뒤로 흔들리거나 움직이는 일이 반복되는 상태.
- **진자** : 추를 실에 매달아 추가 일정한 시간 간격으로 왕복 운동할 수 있도록 만든 장치.

잠깐!

- 짧은 자보다 긴 자를 사용해요.
- 동전 세 개가 세로로 일렬이 되도록 붙여요.

원하는 실만 움직이게 하는 원리는?

자를 흔들 때 짧은 실과 긴 실이 어떻게 흔들리는지 살펴보세요. 실이 짧을수록 주기가 짧아지고, 길수록 주기가 길어집니다. 실의 주기에 맞게 흔들면 원하는 실을 흔들 수 있어요.

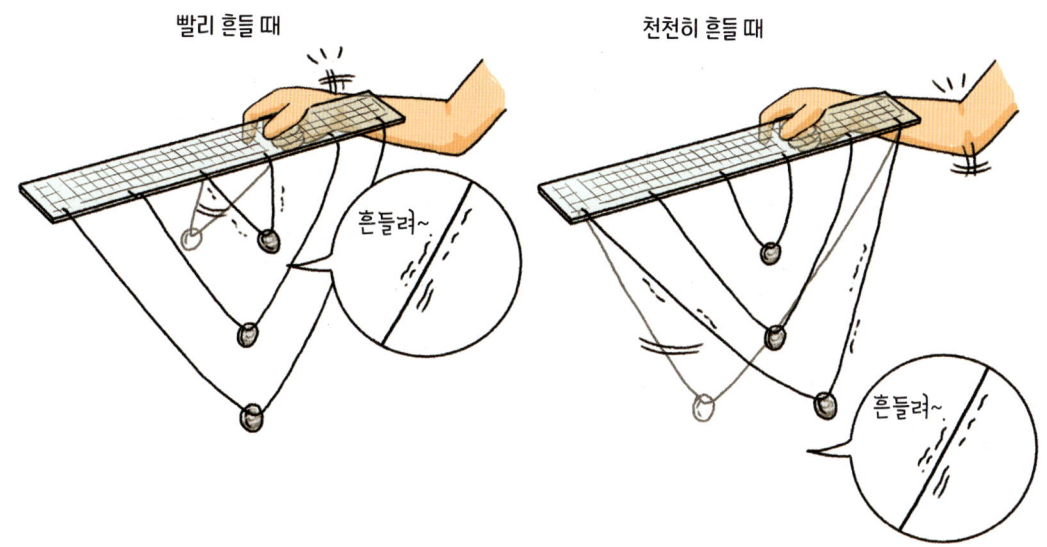

친구의 그네를 밀어 줄 때를 떠올려 보세요. 친구가 앞으로 나아갈 때 밀면 친구는 더 높이 올라가지만 친구가 뒤로 올 때 밀면 친구는 높이 올라가지 못해요. 이와 같은 현상을 '공명 현상'이라고 합니다.

두근두근 실험 결과

손목에 힘을 주고 빨리 움직이면 짧은 실이 흔들려요. 힘을 빼고 속도를 늦춰 천천히 움직이면 중간 길이의 실이 흔들려요. 더 천천히 움직이면 긴 실이 움직입니다.

다르게 실험해 봐요!

페트병 두 개에 실을 연결한 다음 그림과 같이 동전을 달아 보세요. 긴 줄 두 개와 짧은 줄 두 개를 번갈아 달아요. 그다음에 1번 긴 줄을 흔들어 보세요. 같은 길이의 줄인 3번 줄이 따라 움직일 거예요. 짧은 줄인 2번 줄을 흔들면 어떻게 될까요? 흔들어 보세요!

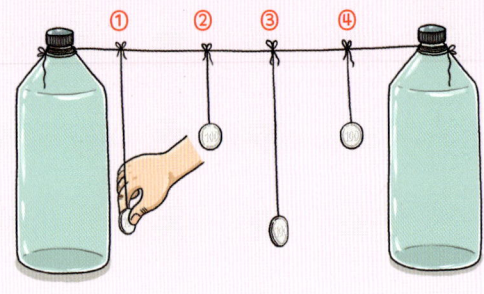

실험 영상 확인하러 가기

신기한 과학 이야기

악기를 연주하거나 노래 연습을 할 때 '메트로놈'이라는 기계를 사용해요. 박자를 맞춰 주는 기계이지요. 시계추같이 진자의 원리를 이용한 것이에요. 긴 막대기에 높이 조절이 되는 추가 달려 있어 박자의 속도를 맞출 수 있답니다. 추를 아래로 내리면 빨리 움직이고, 위로 올리면 천천히 움직입니다.

8 무거운 병도 거뜬! 나무젓가락의 비밀

교과 단원
4학년 1학기 4단원 물체의 무게

핵심 개념
마찰력, 밀도, 힘

병 속에 쌀을 가득 채우고 나무젓가락을 꽂았다가 뽑으면 나무젓가락만 빠져요. 그렇다면 이번에는 나무젓가락으로 쌀을 콕콕 찔러 봐요. "쌀아, 쌀아, 나무젓가락을 잡아라!" 하고 주문을 외운 다음 나무젓가락을 들어 보세요. 어떻게 될까요?

준비물
- ✓ 쌀
- ✓ 페트병
- ✓ 깔때기
- ✓ 나무젓가락

마찰력이 얼마나 큰 힘을 낼 수 있는지 확인해 봐요.

이렇게 실험해요

1 페트병 입구에 깔때기를 끼운 다음 쌀을 가득 넣어요.

2 나무젓가락으로 쌀을 콕콕 찔러요.

3 나무젓가락이 쌀 틈에 꽉 낄 때까지 여러 번 찌른 다음 나무젓가락을 들어 봐요.

건빵박사의 개념 정리

- **마찰력** : 두 물체가 접촉하는 면에서 물체의 운동 방향에 반대로 작용해 물체의 운동을 방해하는 힘. 접촉면의 거칠기가 강하고 물체의 무게가 커질수록 마찰력이 커져요.
- **밀도** : 일정한 공간에 물질이 빽빽이 들어 있는 정도. 물질의 단위 부피당 질량, 즉 질량을 부피로 나눈 값을 말해요.
- **힘** : 물체의 빠르기나 방향 등 운동 상태, 모양을 변화시키는 원인을 '힘'이라고 해요.

잠깐!

- 입구가 넓은 병보다 좁은 병을 사용해요.
- 쇠젓가락은 나무젓가락보다 마찰력이 작아요. 마찰력이 큰 나무젓가락을 사용하세요.
- 병 안에 쌀이 충분히 빽빽해졌을 때 들어요.

나무젓가락은 어떻게 힘이 세졌을까?

페트병 안의 쌀을 콕콕 찌르면 쌀알 사이의 틈이 줄어들어 빽빽해져요. 마찰력은 무게가 무거울수록, 만나는 면이 거칠수록 커져요. 따라서 나무젓가락으로 쌀을 찌를수록 나무젓가락과 접촉하는 쌀알의 개수가 많아지고, 마찰력이 커져 무거운 쌀 병도 쉽게 들어 올릴 수 있답니다.

실험 결과

나무젓가락을 들면 병이 함께 들려요. 병이 들리지 않는다면 쌀이 충분히 빽빽하지 않은 상태예요. 병에 든 쌀을 빽빽하게 만들어야 쌀 병을 들 수 있어요. 가벼운 페트병, 무거운 유리병, 다양한 병으로 실험해 봐요.

종류	병이 들림	병이 들리지 않음
나무젓가락	O	
쇠젓가락		O
빨대		O

마찰력이 큰 나무젓가락은 병을 들 수 있지만 마찰력이 작은 쇠젓가락과 빨대는 병을 들 수 없어요.

신기한 과학 이야기

밀도는 물질의 질량을 부피로 나눈 값이에요. 얼음 같은 고체는 분자들이 빽빽하게 모여 있기 때문에 밀도가 커요. 반면 액체나 기체는 분자가 드문드문 떨어져 있기 때문에 고체보다 밀도가 작답니다.

밀도는 과학에서도 사용하는 용어이지만 사회 과목에서도 쓰여요. '인구 밀도'라는 단어로 쓰이는데, 인구 밀도란 단위 면적당 인구수의 비율이에요. 보통 1km² 안의 인구수로 나타내요. 같은 면적의 지역에 인구가 더 많으면 '인구 밀도가 높다', 인구가 더 적으면 '인구 밀도가 낮다'라고 표현해요.

9 올라갔다 내려갔다 내 맘대로 잠수함

교과 단원
3학년 2학기 4단원 물질의 상태

핵심 개념
기압, 부력, 중력

'내려가라!' 하면 내려가고, '올라와라!' 하면 올라오는 잠수함이 있어요. 물속에서 위아래로 움직이는 잠수함에는 어떤 원리가 숨어 있을까요? 함께 알아봅시다.

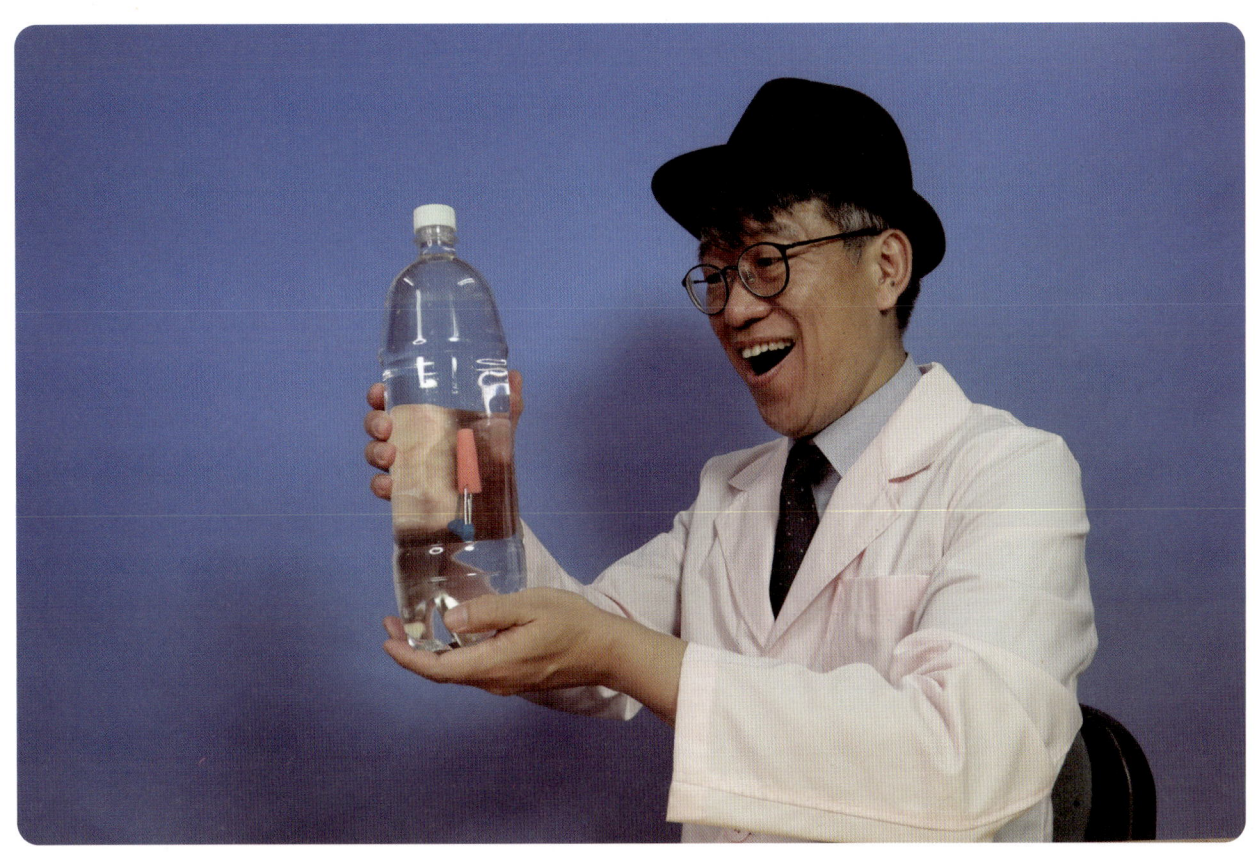

준비물
- ✓ 사인펜 뚜껑 1개
- ✓ 클립 2개
- ✓ 고무찰흙
- ✓ 물이 든 페트병
- ✓ 컵
- ✓ 송곳*

부력을 직접 눈으로 확인할 수 있어요.

이렇게 실험해요

1 사인펜 뚜껑에 송곳으로 구멍 두 개를 마주 보게 뚫어요.

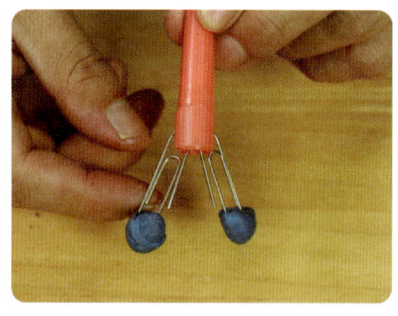

2 구멍에 클립을 하나씩 꽂아요. 클립 아래에 고무찰흙을 붙이면 잠수함 완성!

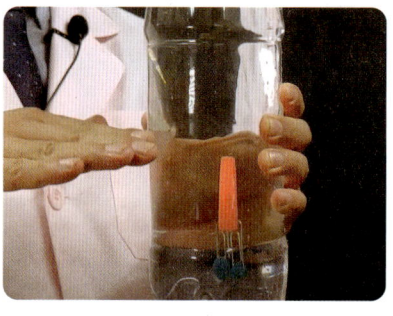

3 물이 든 페트병에 잠수함을 넣은 다음 뚜껑을 꽉 닫아요. 페트병을 눌러 잠수함을 관찰해 보세요.

4 페트병을 잡은 손에 천천히 힘을 빼요.

5 페트병을 누르지 않으면 잠수함이 어떻게 되는지 비교해 보세요.

건빵박사의 개념 정리

- **기압** : 공기가 누르는 힘. 기압 또는 대기압이라 합니다. 높은 곳일수록 기압이 낮아요.
- **부력** : 물이나 공기 같은 유체가 물체를 둘러쌀 때 중력과 반대 방향의 힘으로 물체를 뜨게 하는 힘.
- **중력** : 지구가 물체를 끌어당기는 힘. 물체를 끌어당기는 힘의 크기를 '무게'라고 해요.

잠깐!

- 만든 잠수함이 잘 뜨는지 미리 물컵에 넣어 본 다음, 고무찰흙의 양을 조절해요.
- 뚜껑을 잘 닫아야 물이 새지 않고 압력이 커져요.

누르면 내려가고 놓으면 올라오는 이유는?

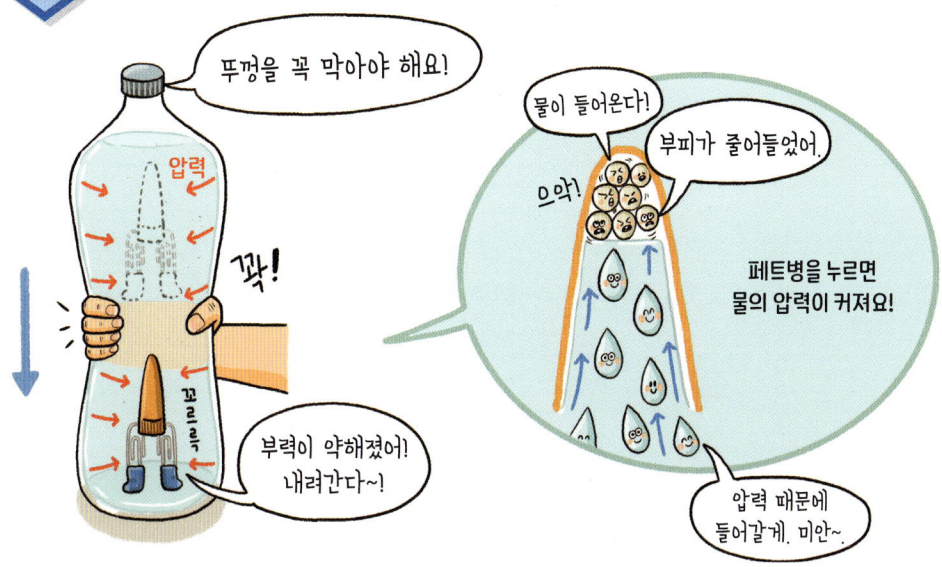

페트병을 누르면?

vs

손에서 힘을 빼면?

페트병을 누르면 물이 압력을 받아요. 잠수함 안으로 물이 들어가면서 공기 부피가 줄어들어요. 공기 부피가 줄어들면 뜨는 힘인 부력이 약해지고 중력에 의해 바닥으로 내려갑니다.

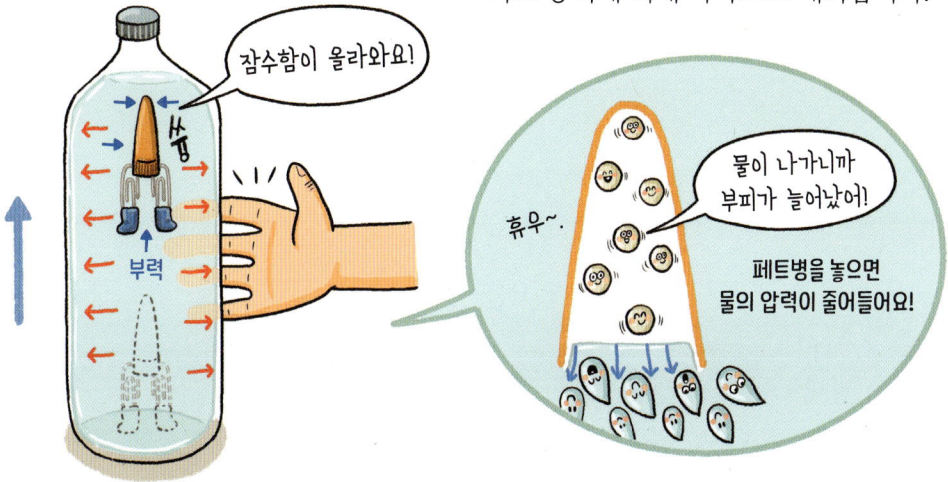

손에 힘을 빼면 잠수함 속에 들어 있는 공기 부피가 커져요. 동시에 부력이 커져 잠수함이 올라가요.

49

두근두근 실험 결과

페트병을 누르면 잠수함이 내려가요. 약하게 누르면 천천히 내려가고 세게 누르면 빠르게 내려갑니다. 페트병에서 힘을 빼면 잠수함은 위로 올라갑니다.

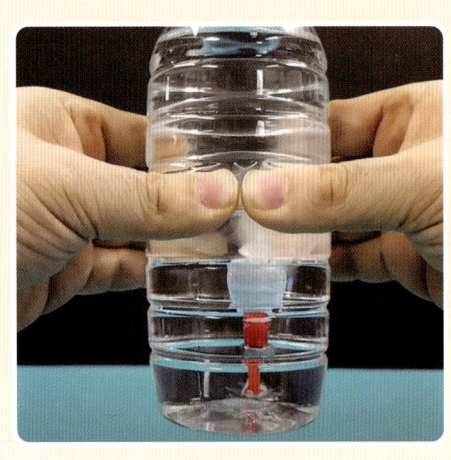
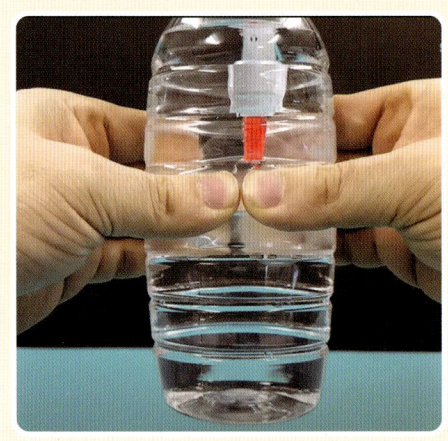

작고 가벼운 통을 사용한다면 아래에 금속 나사 하나를 달아서 무게를 더해 줘요.

신기한 과학 이야기

잠수함도 부력으로 떠올라요. 잠수함 벽은 이중벽으로 되어 있는데, 이 두 벽 사이에 배의 중심을 잡아 주는 탱크(밸러스트 탱크)가 설치되어 있어요. 바닷물이 들어오면 무거워지며 밀도가 커져 가라앉아요. 바닷물을 내보내면 공기가 가득 차면서 밀도가 작아져 부력으로 떠오르게 됩니다. 물고기도 몸속에 있는 부레(공기주머니)에 공기를 넣었다 뺐다 하면서 물속에서 위아래로 움직인답니다.

10 페트병으로 피리 불기

교과 단원
3학년 2학기 5단원 소리의 성질

핵심 개념
소리의 높낮이, 진동, 진동수

입으로 불어서 소리를 내는 악기를 '관악기'라고 해요. 관악기는 관의 길이에 따라 음높이가 달라집니다. 페트병으로 만든 피리로도 다양한 음을 낼 수 있어요. 멋진 연주를 해 볼까요?

준비물
- ✓ 페트병 8개
- ✓ 물
- ✓ 스마트폰
- ✓ 깔때기

물 높이에 따라 소리의 높낮이가 어떻게 달라지는지 알아봐요.

이렇게 실험해요

1 페트병 입구에 깔때기를 끼운 다음 물을 넣어요.

2 페트병 입구에 입술을 살짝 올린 다음 피리 불 듯이 불어요.

3 소리가 나면 스마트폰 음정 조율 어플로 음을 맞춰요.

4 여러 개의 페트병에 물의 높이를 다르게 만든 다음 연주를 해 보세요.

건빵박사의 개념 정리

- **소리의 높낮이**: 소리의 높낮이는 파동의 진동수, 즉 매질인 공기가 얼마나 진동했는지에 따라 결정돼요.
- **진동**: 물체가 같은 시간 간격으로 앞뒤로 흔들리거나 움직이는 일이 반복되는 상태.
- **진동수**: 진동하는 물체가 1초 동안 진동하는 횟수. Hz(헤르츠)라는 단위를 씁니다.

잠깐!

- 페트병이 많으면 많을수록 다양한 소리를 들을 수 있어요. 이때 물에 색소를 타서 음을 구분해도 좋아요.
- 소리가 잘 나지 않으면 페트병 입구를 불 때 바람의 세기와 방향을 다르게 불어 보세요.
- 한 페트병으로도 세게 누르거나 약하게 눌러 물 높이를 조절하면서 여러 음을 낼 수 있어요.

과학 원리가 쏙쏙!

소리의 높이는 왜 달라지는 걸까?

소리는 물체가 떨기 때문에 납니다. 물이 적게 담겨 공간이 넓은 페트병은 공기가 천천히 진동해 낮은 소리가 나요. 물이 많이 담겨 공간이 좁은 페트병은 공기가 빠르게 진동해 높은 소리를 냅니다.

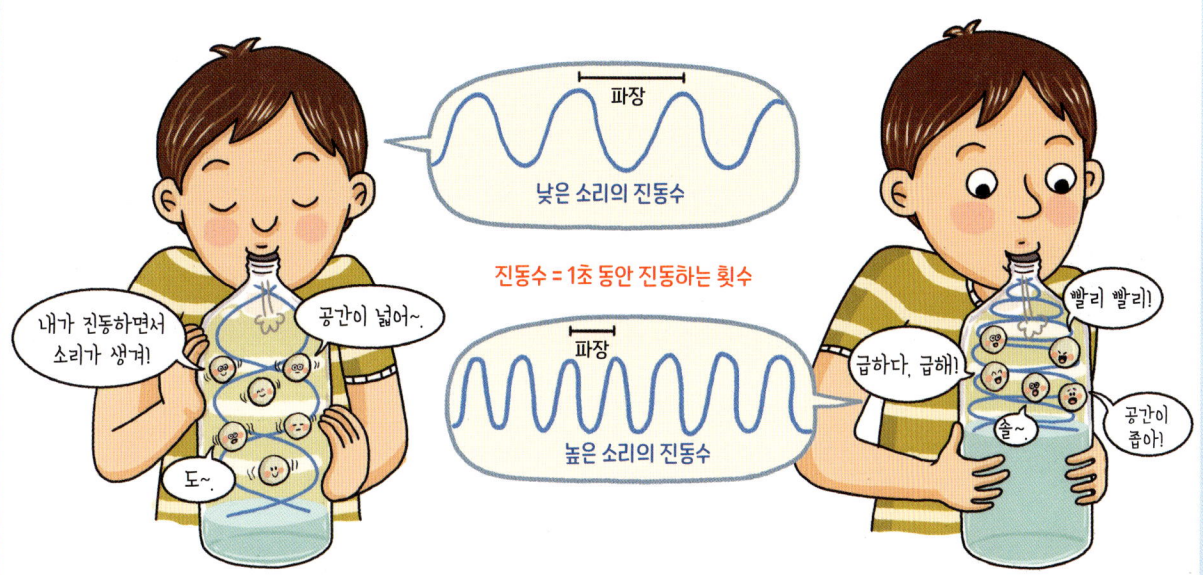

물이 적으면 파장이 길어져 진동수가 적어져요. 낮은 소리가 나지요.

물이 많으면 파장이 짧아져 진동수가 많아져요. 높은 소리가 나지요.

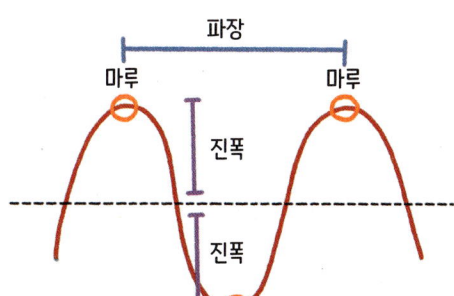

파장 : 마루에서 마루, 골에서 골까지의 거리
마루 : 파동의 가장 높은 부분
진폭 : 파동의 중심에서 마루 또는 골까지의 거리
골 : 파동의 가장 낮은 부분

두근두근 실험 결과

물이 적게 든 페트병부터 물이 많이 든 페트병까지 하나씩 순서대로 불면 소리가 점점 높아집니다. 도, 레, 미, 파, 솔, 라, 시, 도 음계에 맞춰 친구와 함께 연주해 보세요.

다르게 실험해 봐요!

유리컵으로 실로폰(글로켄슈필)을 만들 수도 있어요. 유리컵에 물 높이를 다르게 부어 젓가락으로 살살 쳐 보세요. 맑은 소리가 날 거예요. 좋아하는 곡을 멋지게 연주해 보세요!

물체가 1초 동안 진동하는 횟수를 '진동수'라고 해. 진동수가 증가하면 높은 소리가 나고 진동수가 감소하면 낮은 소리가 나지!

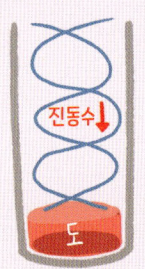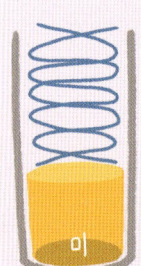

낮은 소리 ──────────────▶ 높은 소리

2장 화살표 방향이 바뀐다고요?

반대로! 거꾸로! 움직이는 실험

화살표 방향이 바뀌고 물이 거꾸로 오르는 놀라운 실험에 도전해 봐요! 액체로 탑을 쌓고 공이 물속에서 봉 튀어 오르는 재미난 실험을 할 수 있어요.

미리 보는 과학 개념 톡톡!

기체, 부력, 빛의 굴절, 작용 반작용의 법칙

• 기체
얼음이 녹으면 물이 되고, 물이 끓으면 수증기가 돼요. 얼음은 고체, 물은 액체, 수증기는 기체 상태예요. 기체는 물질의 상태 중 하나로, 분자 간의 인력이 없어 입자들이 멀리 떨어져 있는 상태를 말해요. 일정한 모양과 부피를 갖지 않은 채 흐르며 쉽게 압축되는 성질이 있어요.

• 부력
물고기는 물속에서 위아래로 자유롭게 움직여요. 몸속에서 공기를 넣었다 뺐다 할 수 있는 부레(공기주머니) 덕분이에요. 부레에 공기를 넣으면 물 위로 뜨는 부력이 생겨요. 풍선에 공기를 넣으면 하늘로 뜨는 것도 부력이 생겼기 때문이에요. 이처럼 부력은 물이나 공기 같은 유체가 물체를 둘러쌀 때 중력과 반대 방향의 힘으로 물체를 뜨게 하는 힘을 말해요.

• 빛의 굴절
편의점 구석이나 경사가 심한 도로에는 볼록 거울이 있어요. 빛의 굴절을 이용한 볼록 거울 덕분에 안 보이는 곳을 볼 수 있지요. 빛의 굴절은 빛이 성질이 다른 물질 속으로 들어갈 때 경계면에서 빛의 진행 방향이 꺾이는 현상을 말해요. 빛이 꺾이는 이유는 두 물질의 밀도 차이 때문이에요.

• 작용 반작용의 법칙
롤러스케이트를 탄 채 손으로 벽을 밀어 본 적이 있나요? 벽을 밀면 오히려 몸이 뒤로 밀려 나요. 이 원리는 작용 반작용의 법칙 때문이에요. 한 물체(A)가 다른 물체(B)에 힘을 작용하면 다른 물체(B)도 힘을 작용한 물체(A)에 크기가 같고 방향이 반대인 힘을 작용한다는 법칙입니다. 뉴턴의 운동 법칙 중 제3법칙이에요.

11 화살표 방향을 바꾸는 마술

교과 단원
6학년 1학기 5단원 빛과 렌즈

핵심 개념
볼록 렌즈, 빛의 굴절

물이 든 컵 속에 젓가락을 넣으면 젓가락이 꺾여 보여요. 또 할아버지가 보는 돋보기는 글자를 크게 보여 줘요. 이러한 현상은 빛이 다른 물질을 만나 꺾이는 빛의 굴절 때문입니다. 이 원리를 이용해 화살표 방향을 바꾸는 마술에 도전해 볼까요?

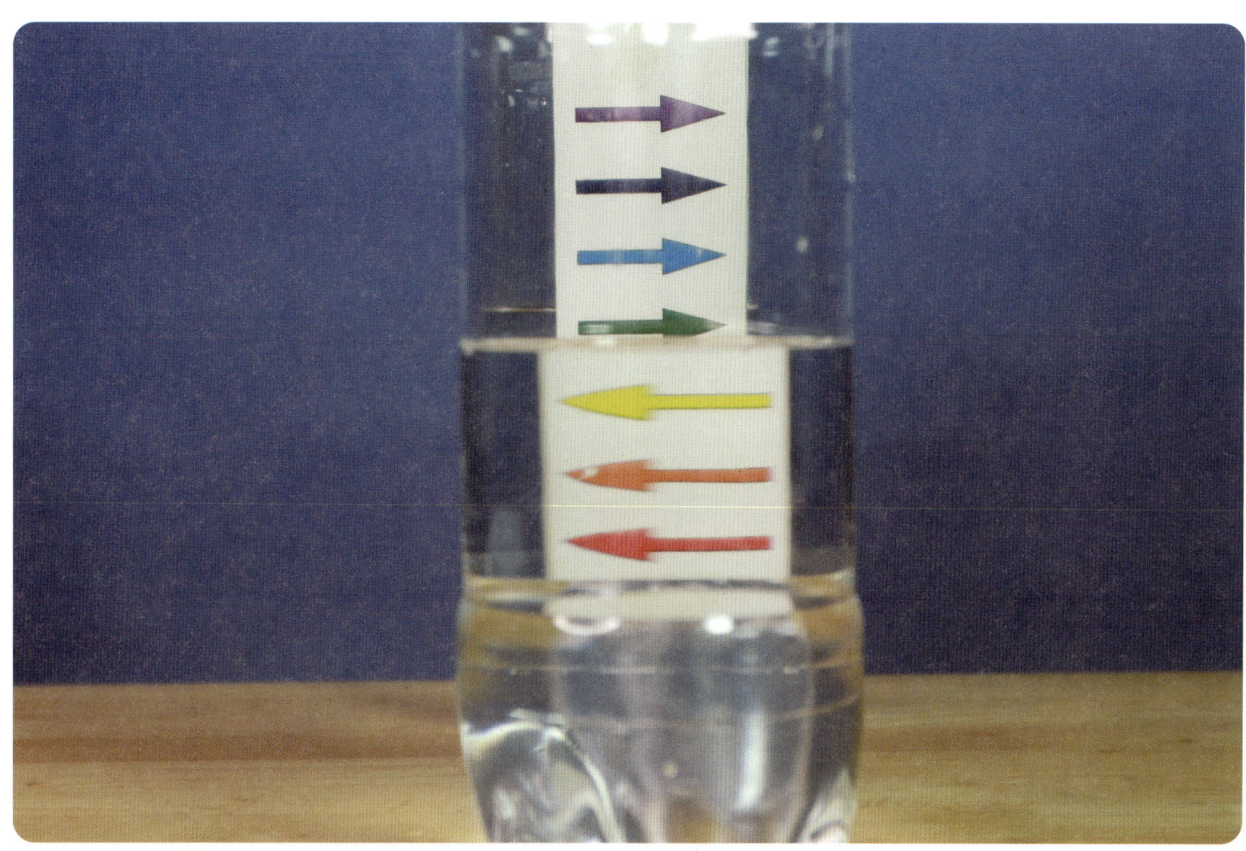

준비물
- 물을 반만 채운 페트병 1개
- 빈 페트병 1개
- 깔때기
- 화살표 그림 [부록]
- 투명 테이프
- 물

빛의 굴절 현상을 이해할 수 있어요.

이렇게 실험해요

부록의 도안 ①을 활용하세요.

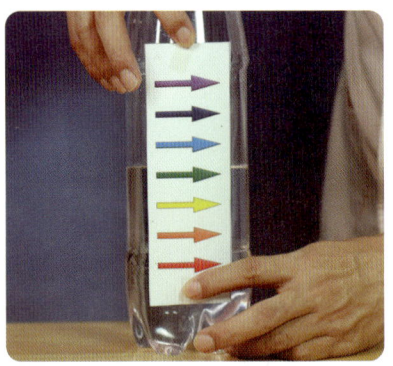

1 물을 반만 채운 페트병 앞에 화살표 그림을 붙여요.

2 1번 페트병 앞에 빈 페트병을 세워요.

3 빈 페트병에 물을 반 정도 채워요.

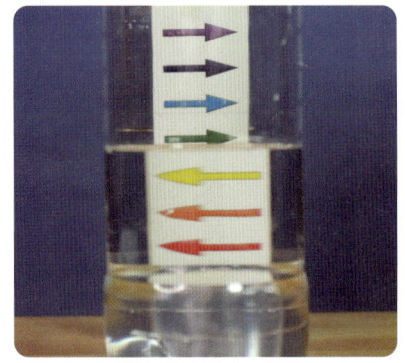

4 물이 있는 부분과 없는 부분의 화살표 방향이 어떻게 다른지 관찰해 보세요.

건빵박사의 개념 정리

- **볼록 렌즈** : 렌즈의 가운데 두께가 가장자리보다 두꺼운 렌즈. 볼록 렌즈를 통과한 빛은 한 점에 모입니다.
- **빛의 굴절** : 빛이 성질이 다른 물질 속으로 들어갈 때, 경계면에서 빛의 진행 방향이 꺾이는 현상. 두 물질의 밀도 차이 때문에 빛이 꺾여요.

잠깐!

- 두 페트병을 일렬로 세워야 화살표가 잘 보입니다.
- 화살표 대신 글자를 적어 보세요. 어떻게 보이는지 비교해 보세요.

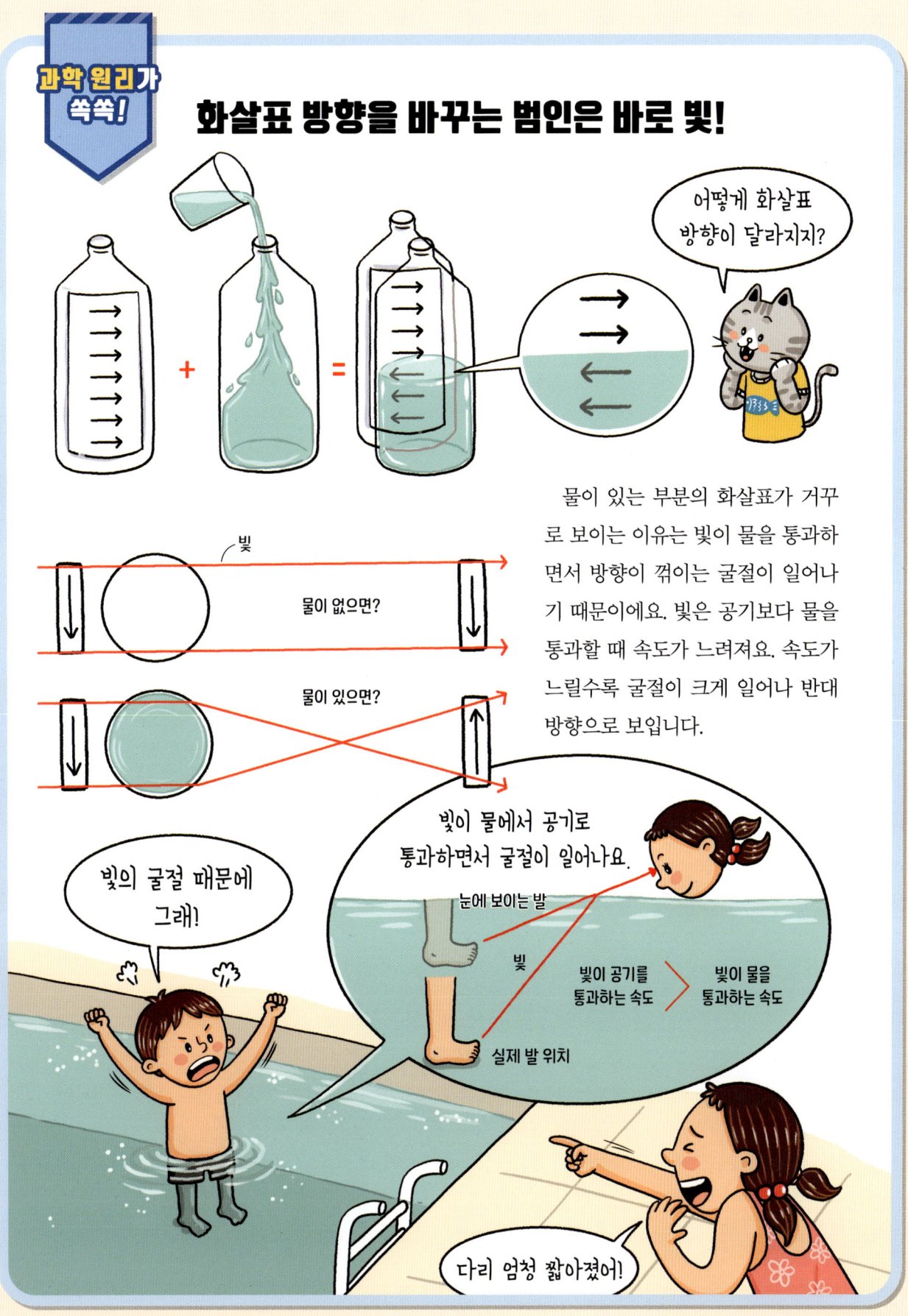

두근두근 실험 결과

페트병에서 물이 없는 위쪽은 화살표 방향이 그대로 보여요. 하지만 물이 있는 아래쪽은 화살표 방향이 좌우가 바뀌어 보여요.

물이 없는 위쪽에서는 빛이 똑바로 진행하는 빛의 직진 현상이 일어난 것이에요. 물이 있는 아래쪽에서는 빛이 물을 통과하면서 꺾이는 빛의 굴절 현상을 확인할 수 있습니다.

 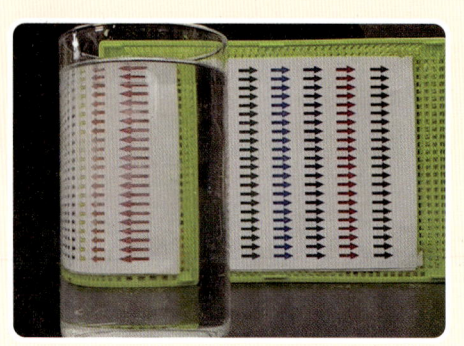

신기한 과학 이야기

빛의 굴절은 물이 든 컵에 연필만 넣어도 바로 확인할 수 있어요. 일자로 곧은 연필이 물속에만 들어가면 꺾여 보이기 때문이에요.

비눗방울의 색이나 무지개 또한 빛이 굴절되면서 나타나는 현상이에요. 눈에 흰색으로 보이는 빛은 사실 빨간색, 노란색, 보라색 등 수많은 색깔이 담겨 있어요. 이 빛이 물방울을 만나면 굴절되면서 숨겨 두었던 색깔을 보여 주는 것이지요.

12 저절로 커지는 놀라운 풍선

교과 단원
5학년 2학기 5단원 산과 염기

핵심 개념
기체, 화학 반응

풍선을 불려면 공기를 넣어야 해요. 입이나 풍선 펌프로 불지 않는 방법이 있을까요? 식초와 소다만 있으면 가능해요! 풍선이 스스로 커져요. 어떻게 된 일인지 실험해 볼까요?

준비물
- ✓ 식초
- ✓ 베이킹 소다
- ✓ 풍선
- ✓ 페트병
- ✓ 숟가락
- ✓ 깔때기

서로 다른 물질을 섞었을 때 어떤 변화가 나타나는지 관찰해 봐요.

이렇게 실험해요

1 풍선 입구에 깔때기를 끼운 다음 베이킹 소다를 한 숟가락 넣어요.

2 페트병에 식초를 넣어요.

3 페트병 입구에 풍선을 끼워요. 베이킹 소다가 들어가지 않도록 살살 끼워요.

4 베이킹 소다가 페트병으로 들어가도록 풍선을 들어 올려요.

5 풍선을 관찰해 보세요.

건빵박사의 개념 정리

- **기체** : 물질의 상태 중 하나로, 분자 간의 인력이 없어 입자들이 멀리 떨어져 있는 상태. 일정한 모양과 부피를 갖지 않으며 흐르는 성질이 있고, 쉽게 압축돼요.
- **화학 반응** : 어떤 물질이 화학 변화를 일으켜 본래 성질과는 전혀 다른 물질로 변하는 현상.

잠깐!

- 페트병 입구에 풍선을 끼울 때 틈새 없이 끼워요.
- 실험이 끝난 다음 풍선을 뺄 때 눈에 소다가 들어가지 않도록 천천히 빼요.

풍선은 왜 스스로 커질까?

베이킹 소다(탄산수소 나트륨)가 식초(아세트산)를 만나면 이산화 탄소가 발생합니다. 페트병 안에 이산화 탄소가 많아지면서 부피가 늘어나요. 많아진 이산화 탄소가 풍선으로 들어가면서 풍선이 점점 커집니다.

두근두근 실험 결과

풍선 안에 든 베이킹 소다가 식초를 만나면 풍선이 부풀어요. 베이킹 소다와 식초를 많이 넣을수록 풍선을 더 크게 만들 수 있어요.

다르게 실험해 봐요!

실험이 끝났다면 페트병 안에 남아 있는 이산화 탄소로 다른 실험을 해 봐요. 풍선을 뗀 페트병 입구를 불이 켜져 있는 촛불 쪽으로 기울여 보세요. 불이 어떻게 될까요? 이산화 탄소가 내려오면서 산소를 차단해 불이 꺼진답니다.

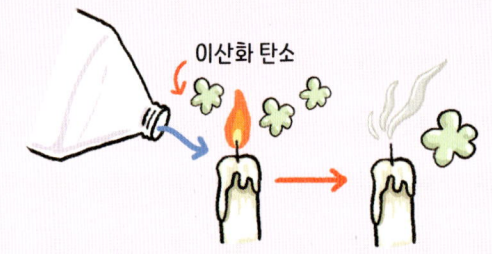

 신기한 과학 이야기

달고나를 만들 때 설탕을 녹인 다음 소다(식소다)를 넣으면 부풀어 올라요. 소다라고 부르는 탄산수소 나트륨은 열을 받으면 탄산 나트륨, 물, 이산화 탄소로 분해됩니다. 이때 이산화 탄소 기체가 설탕 속에 갇힌 채 부풀어 오르면서 달고나가 커지는 것입니다.

13 물이 쏟아지지 않아요!

교과 단원
6학년 1학기 3단원 여러 가지 기체

핵심 개념
대기압, 중력

물이 든 컵을 카드로 막은 후 뒤집어도 물이 쏟아지지 않아요. 어떤 힘이 물을 막고 있는 것일까요? 카드에 구멍을 내도 물은 쏟아지지 않아요. 신기하지요? 눈에 보이지 않는 공기의 힘을 직접 체험해 볼 수 있는 실험입니다.

준비물
- ✓ 물
- ✓ 컵
- ✓ 카드
- ✓ 이쑤시개
- ✓ 송곳*

공기가 누르는 힘인 기압을 확인할 수 있어요.

이렇게 실험해요

1 컵에 물을 반쯤 채워요. 물컵의 입구를 카드로 막은 다음 뒤집어요.

2 카드에서 손을 떼도 떨어지지 않아요.

3 물컵을 다시 뒤집은 다음 송곳으로 카드에 구멍을 뚫어요.

어른과 함께해요!

4 다시 뒤집어요.

5 구멍에 이쑤시개를 넣어봐요. 물이 쏟아지는지 관찰해요.

건빵박사의 개념 정리

- **대기압** : 공기가 누르는 힘. 기압 또는 대기압이라 합니다. 높은 곳일수록 기압이 낮아요.
- **중력** : 지구가 물체를 끌어당기는 힘. 물체를 끌어당기는 힘의 크기를 '무게'라고 해요.

잠깐!

- 가볍고 물에 젖지 않는 카드를 사용해요.
- 실험을 하는 동안 물이 쏟아질 수 있어요. 욕실에서 실험하거나 아래에 대야를 두고 실험해요.

뒤집어도 물이 쏟아지지 않는 이유는?

물은 컵과 카드를 누르는 대기압 때문에 뒤집어도 쏟아지지 않아요. 또 카드에 구멍을 내더라도 이쑤시개와 구멍 사이를 막고 있는 물방울들이 서로 끌어당기는 표면 장력 때문에 물이 쏟아지지 않고 이쑤시개를 넣을 수 있어요.

실험 결과

물이 든 컵을 뒤집으면 물의 무게, 즉 지구에서 물을 잡아당기는 중력 때문에 물이 쏟아질 거예요. 하지만 카드로 막은 채 물이 든 컵을 뒤집으면 물이 쏟아지지 않습니다. 그 구멍으로 이쑤시개를 집어넣어도 물이 아래로 쏟아지지 않아요.

다르게 실험해 봐요!

물이 든 컵을 다른 물건으로 막아 봐요. 휴지나 체 망, 스타킹 등 집에 있는 물건을 활용해 실험해 보세요. 과연 다른 물건으로 막고 물컵을 뒤집었을 때도 물이 아래로 쏟아지지 않을까요?

휴지

체 망

스타킹

📱 실험 영상 확인하러 가기

신기한 과학 이야기

뉴턴은 사과가 떨어지는 모습을 보고 중력을 발견했어요. 중력은 '지구와 물체가 서로 당기는 힘'인데, 지구와 사과 중에 지구가 질량이 더 크므로 지구가 사과를 더 많이 당깁니다. 그래서 사과가 지구 중심인 땅으로 떨어지는 거예요.

14 그대로 멈춰라! 액체 탑 쌓기

교과 단원
5학년 1학기 4단원 용해와 용액

핵심 개념
농도, 액체, 확산

물과 포도주스를 컵에 붓고 저으면 섞여요. 하지만 두 액체가 섞이지 않게 액체 탑을 쌓는 방법이 있습니다. 액체 탑 쌓기에 도전해 볼까요?

준비물
- ✓ 컵 2개
- ✓ 카드
- ✓ 물
- ✓ 포도주스

농도가 다른 액체를 섞으면 어떻게 되는지 관찰해 봐요.

이렇게 실험해요

1 한 컵에 포도주스를, 다른 컵에는 물을 가득 부어요.

2 물이 든 컵을 카드로 막고 뒤집어 포도주스 컵 위에 올려요.

3 카드를 천천히 빼요.

4 물과 포도주스가 섞이는 속도를 관찰해 보세요.

건빵박사의 개념 정리

- **농도**: 용액이 얼마나 진하고 묽은지를 나타낸 정도. 액체나 기체에 들어 있는 성분의 양을 말해요.
- **액체**: 물질의 상태 중 하나로, 분자 간 인력이 약해 일정한 형태를 가지지 않는 물질. 담는 그릇에 따라 모양이 변하며, 압축해도 부피가 거의 변하지 않는 성질이 있어요.
- **확산**: 농도가 다른 물질이 만났을 때 농도가 높은 쪽에서 낮은 쪽으로 분자가 이동해 시간이 지나면서 같은 농도가 되는 현상.

잠깐!

- 카드를 뺄 때 컵이 움직이지 않게 천천히 빼요.
- 물감과 설탕을 사용해 액체 탑을 쌓을 수도 있어요.(72쪽 참고)

물이 위에 있으면 왜 천천히 섞일까?

같은 양의 포도주스와 물의 농도를 비교하면 포도주스가 물보다 농도가 높아요. 따라서 둘을 섞을 때 물보다 농도가 높은 포도주스가 아래에 있으면 물과 섞이지 않고 가라앉아 있어요. 시간이 지나면 천천히 올라오면서 섞이지요.

반대로 포도주스가 든 컵을 물이 든 컵 위에 두면 농도가 높은 포도주스가 물 쪽으로 내려오면서 빠르게 섞입니다.

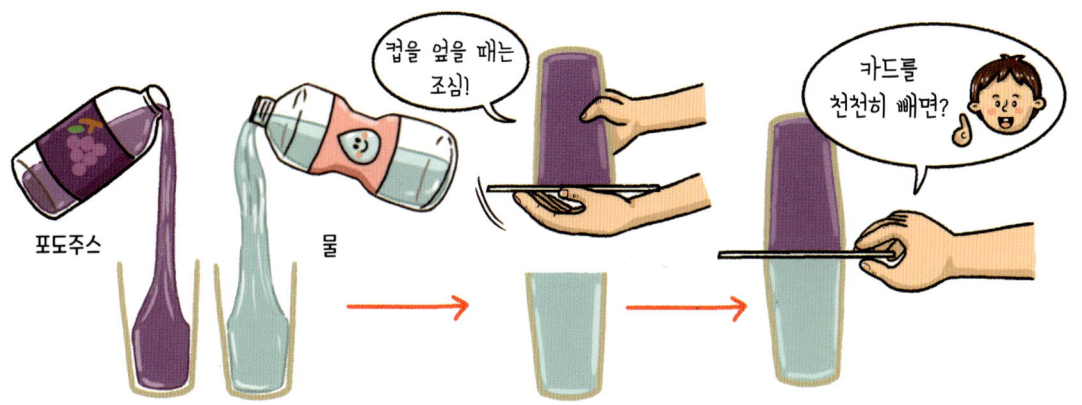

농도가 높은 쪽에서 낮은 쪽으로 물질이 움직이는 성질을 '확산'이라고 해요. 확산에 의해 물과 포도주스는 섞입니다.

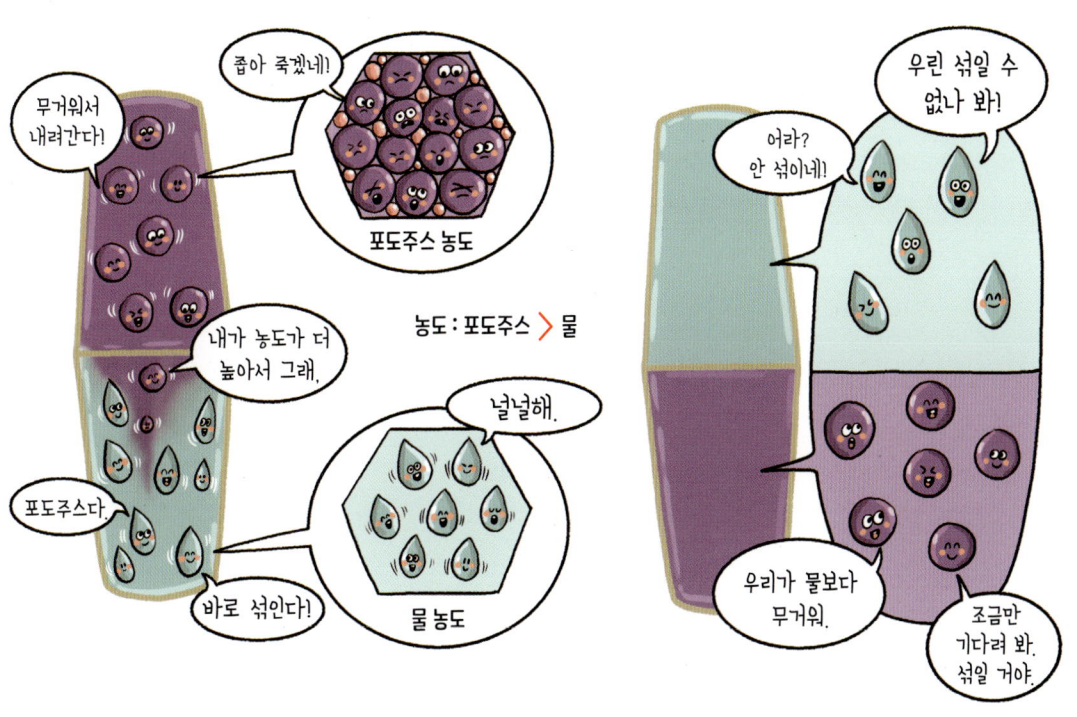

두근두근 실험 결과

포도주스가 든 컵을 아래에, 물이 든 컵을 위에 두면 한동안 두 용액은 섞이지 않아요. 반대로 포도주스가 든 컵을 위에, 물이 든 컵을 아래에 둬 보세요. 카드를 빼자마자 포도주스가 물 쪽으로 내려오면서 섞입니다.

다르게 실험해 봐요!

포도주스와 물처럼 농도가 다른 액체를 만들어 봅시다. 두 유리컵에 같은 양의 물을 부어요. 한 컵에는 설탕 1스푼, 다른 컵에는 설탕 3스푼을 넣어요. 설탕물이 어떻게 섞일지 확인하기 위해 각각 다른 물감을 넣어요.

빨간색 물감을 푼 물에는 설탕 1스푼이, 파란색 물감을 푼 물에는 설탕 3스푼이 섞여 있어요. 빨간색 물이 담긴 컵을 파란색 물이 담긴 컵 위에 쌓아 보세요. 어떻게 될까요?

설탕 1스푼이 담긴 빨간색 물은 설탕 3스푼이 담긴 파란색 물보다 농도가 낮기 때문에 두 설탕물은 바로 섞이지 않고 천천히 섞일 거예요.

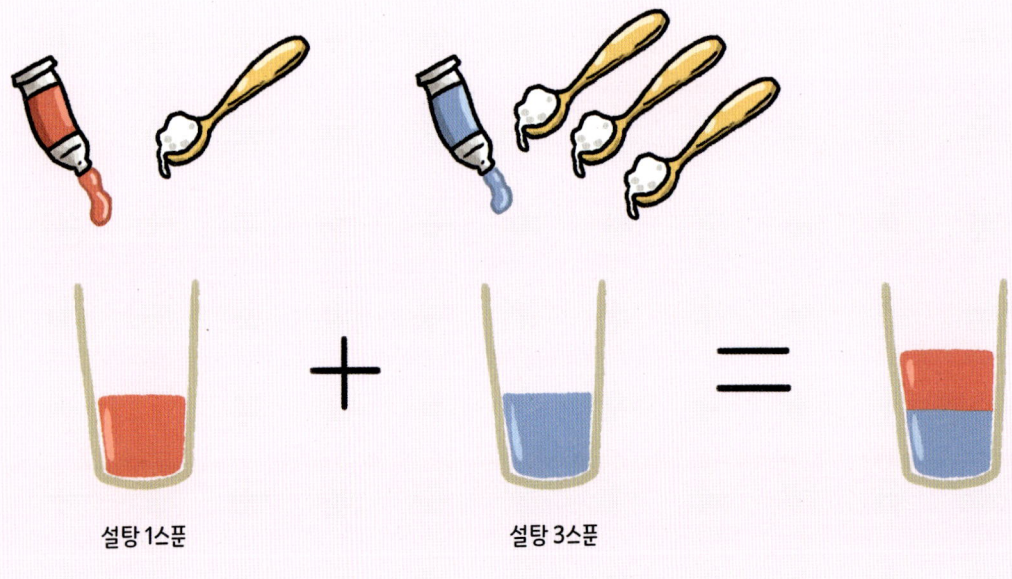

설탕 1스푼   설탕 3스푼

15 색종이가 스스로 일어나요

교과 단원
4학년 1학기 4단원 물체의 무게

핵심 개념
무게, 무게 중심, 평형

가만히 있던 색종이가 꿈틀거리더니 벌떡 일어섰어요. 누가 후~ 하고 바람을 분 것도 아닌데 말이지요. 종이는 어떤 힘으로 일어나는 걸까요?

준비물
✓ 색종이

무게 중심이 이동하면서 물체에 어떤 변화가 생기는지 알아봐요.

이렇게 실험해요

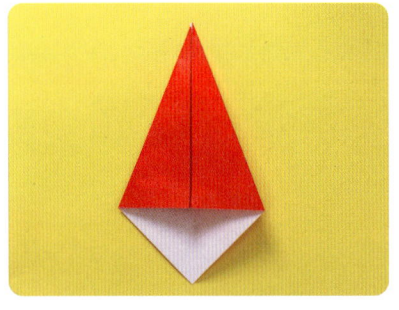

1 색종이를 사진처럼 접어요.

2 아래 삼각형을 위로 접어요.

3 오른쪽 모서리를 접고 왼쪽도 이어서 접어요.

4 아래 삼각형을 위로 접어요.

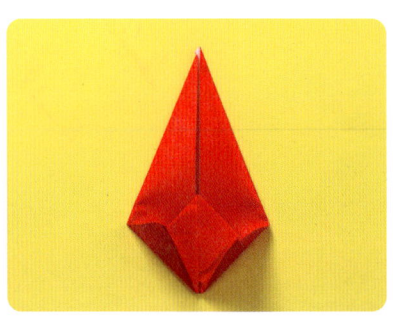

5 3~4번을 반복해요.

6 색종이를 반으로 접은 다음 긴 쪽을 바닥에 두고 세워서 관찰해 보세요.

> 영상을 보면서 따라 접으면 훨씬 쉬워요!

건빵박사의 개념 정리

- **무게** : 지구가 물체를 끌어당기는 힘의 크기. 물체의 무거운 정도를 나타냅니다. 물체가 위치한 장소에 따라 값이 달라져요. 무게를 나타내는 단위에는 kg(킬로그램) 외에 N(뉴턴)도 있어요.
- **무게 중심** : 물체가 균형을 이루는 지점이자 물체가 지닌 무게의 중심점이에요. 무게 중심에 물체를 놓으면 기울지 않아요.
- **평형** : 사물이 한쪽으로 기울지 않고 안정한 상태.

잠깐!

- 색종이가 잘 펴질 수 있도록 마지막에 접는 부분은 세게 접지 않아요.

색종이는 어떻게 스스로 일어날까?

 가로로 누워 있던 색종이 한쪽이 조금씩 벌어지면서 반대쪽이 벌떡 설 거예요. 무게 중심이 가운데에서 한쪽으로 이동하면서 가벼운 쪽이 위로 들리는 거예요.

 스스로 일어나는 색종이에는 중력이 작용해요. 지구가 물체를 지구 중심으로 끌어당기는 힘이 바로 중력이며 그 정도가 무게입니다. 물체에는 '무게 중심'이라는 지점이 있는데, 물체의 무게가 균형을 이루는 곳을 말합니다.

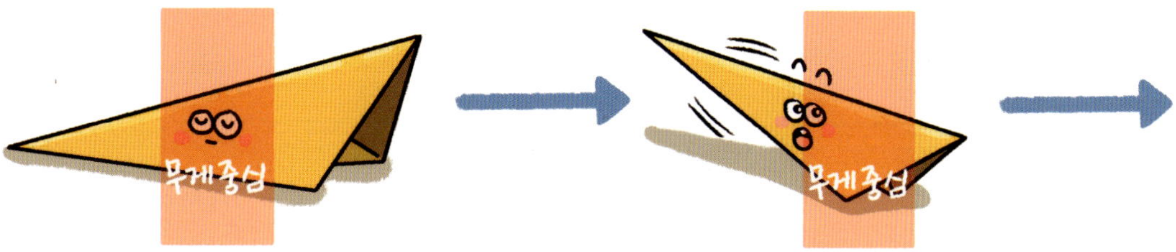

이 실험으로 무게 중심이 종이의 어디에 위치하는지 알 수 있어요.

두근두근 실험 결과

색종이를 여러 번 접다 보면 한쪽이 두꺼워지면서 무거워져요. 종이를 눕혀 놓으면 두꺼운 부분이 조금씩 벌어져요. 원래 가운데에 있던 무게 중심이 한쪽으로 이동해 색종이가 스스로 설 수 있답니다.

다르게 실험해 봐요!

빈 음료수 캔을 옆으로 기울여서 세워 보세요. 쉽지 않을 거예요. 하지만 캔에 물을 부은 후 세우면 어떻게 될까요? 캔 속에 물을 넣으면 무게 중심이 아래로 이동하기 때문에 캔을 안정적으로 세울 수 있어요.

16 보면 볼수록 신기한 뫼비우스의 띠

교과 단원
수학 4학년 1학기 4단원 평면도형의 이동 심화

핵심 개념
기하학, 뫼비우스의 띠

착시 현상은 아니지만 착시 현상 같은 놀이를 소개할게요! 좁고 긴 종이를 한 번 비튼 후 풀로 이어 붙이면 신기한 띠가 됩니다. 안쪽 면에 연필을 대고 가운데 길을 따라 선을 그리면 어느새 출발했던 선과 만납니다. 신기하지요?

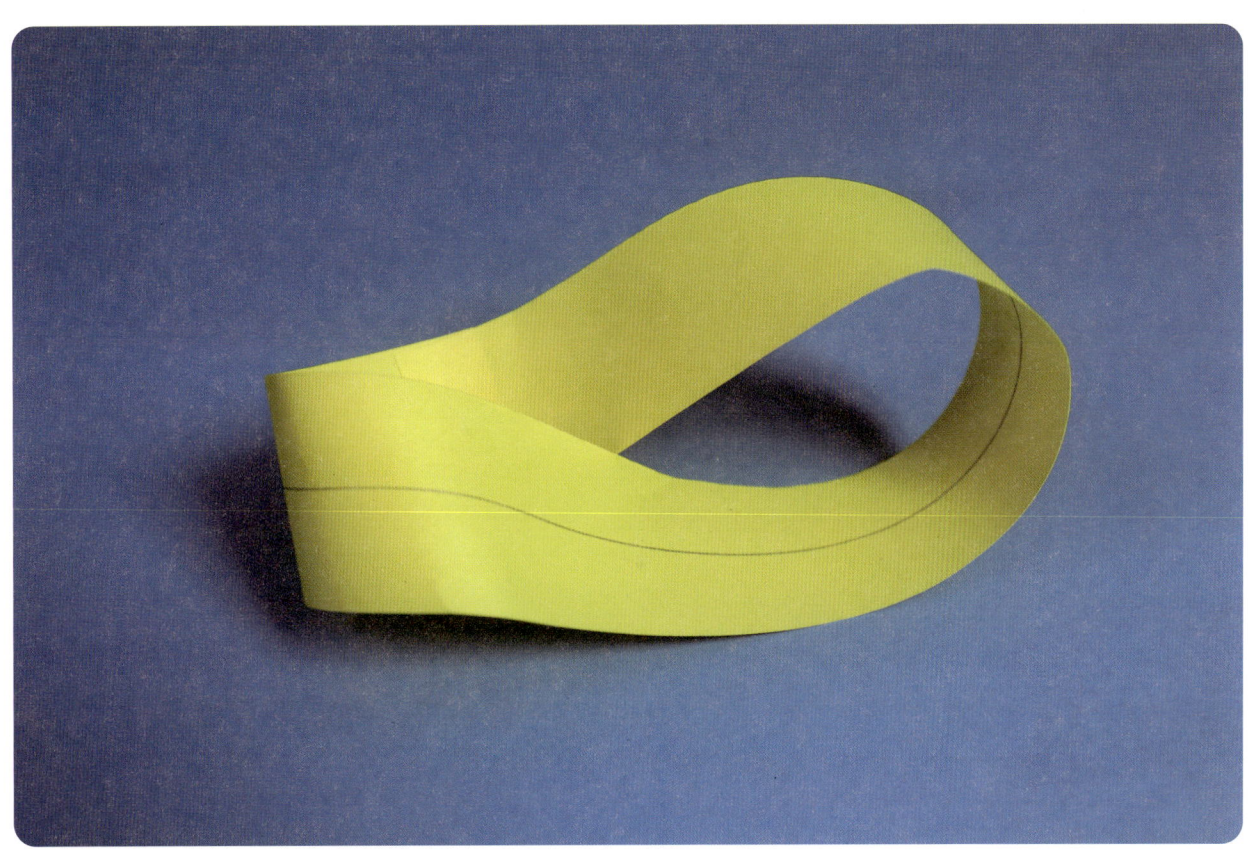

준비물
- 선이 한 줄인 종이 2장
- 선이 두 줄인 종이 1장
- 풀
- 가위

뫼비우스의 띠를 직접 만들어 그 원리를 이해해 볼 수 있어요.

이렇게 실험해요

1 선이 한 줄인 종이를 한 번 비튼 다음 양 끝을 붙여요. 선을 따라 잘라요.

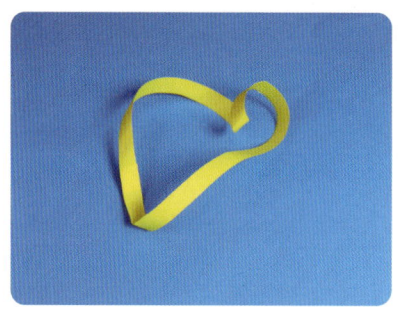

2 다 자르면 큰 고리가 생겨요.

3 선이 한 줄인 종이를 두 번 비튼 후 양 끝을 붙여요. 선을 따라 잘라요.

4 고리가 두 개 생겨요.

5 선이 두 줄인 종이를 한 번 비튼 다음 양 끝을 붙여요. 선을 따라 잘라요.

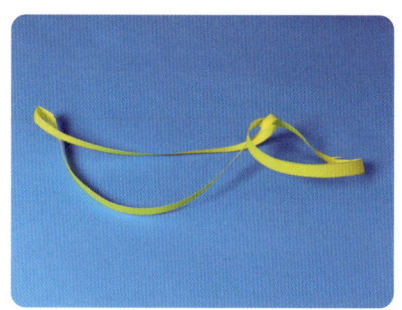

6 큰 고리와 작은 고리가 생겨요.

건빵박사의 개념 정리

- **기하학** : 도형의 성질을 연구하는 학문. 공간에 있는 대상의 모양, 크기, 상대적인 위치, 공간에 대해 연구하는 수학의 한 분야예요.
- **뫼비우스의 띠** : 좁고 긴 직사각형 종이의 끝을 한 번 꼬아 양 끝을 붙여 만든 곡면. 안과 밖을 구별할 수 없는 띠예요.

잠깐!

- 종이 폭이 너무 좁으면 자르기 힘들어요. 2~3cm 정도가 적당해요.
- 자를 부분을 살짝 접은 다음 접힌 선을 따라 자르면 쉽게 자를 수 있어요.

안과 밖이 구별되지 않는 뫼비우스의 띠

뫼비우스의 띠는 독일의 천문학자이자 수학자인 아우구스트 페르디난트 뫼비우스가 처음 고안했습니다. 뫼비우스의 띠는 안과 밖이 구별되지 않아 계속 돌게 돼요.

이 특징 때문에 재활용 마크로도 쓰이고 계속 반복되는 일을 뫼비우스의 띠 같다고도 표현합니다.

두근두근 실험 결과

종이를 한 번 비틀어 양 끝을 붙이면 안과 밖의 구별이 없어지는 '뫼비우스의 띠'가 만들어집니다.

고리가 두 개 생긴 모습

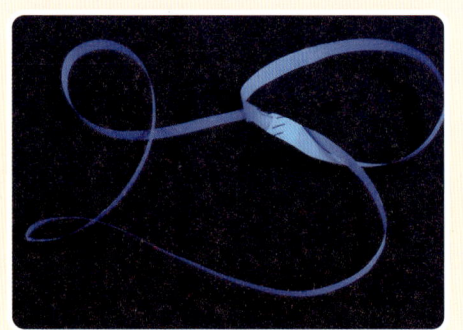
큰 고리와 작은 고리가 생긴 모습

신기한 과학 이야기

방앗간이나 공장에서 기계를 돌리는 벨트를 뫼비우스의 띠 모양으로 만들어요. 모든 면이 골고루 닿게 해서 오랫동안 사용할 수 있습니다.

대전 국립중앙과학관 앞에는 뫼비우스의 띠 광장이 있어요. 뫼비우스의 띠를 큰 조형물로 만들어 놓았지요.

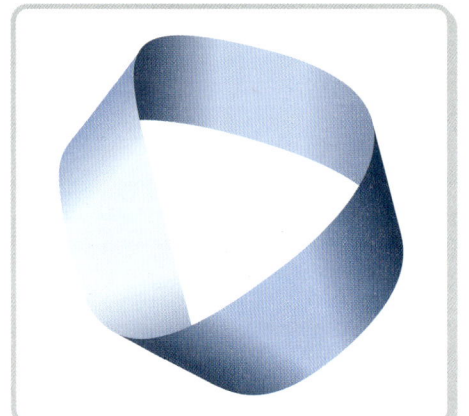

17 누가 누가 더 빠를까? 풍선 보트

교과 단원
5학년 2학기 4단원 물체의 운동

핵심 개념
작용 반작용, 탄성, 탄성력

목욕할 때 가지고 놀 수 있는 재미있는 장난감을 만들어 볼까요? 우유팩은 물에 젖지 않아서 보트로 만들기 좋습니다. 우유팩과 풍선으로 멋진 보트를 만들어 봐요. 풍선 보트로 작용 반작용의 원리도 알 수 있어요!

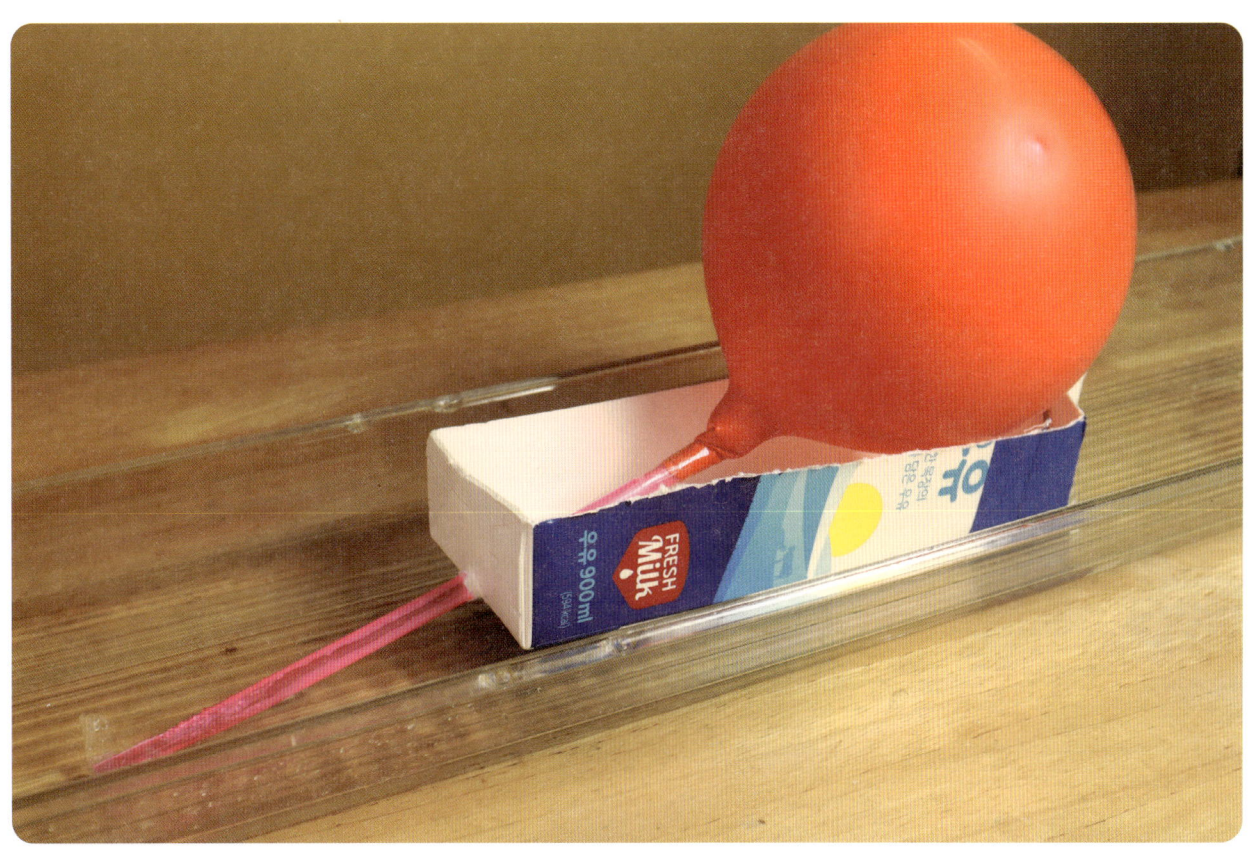

준비물
- ✓ 우유팩
- ✓ 빨대
- ✓ 풍선
- ✓ 연필
- ✓ 가위
- ✓ 투명 테이프
- ✓ 송곳*

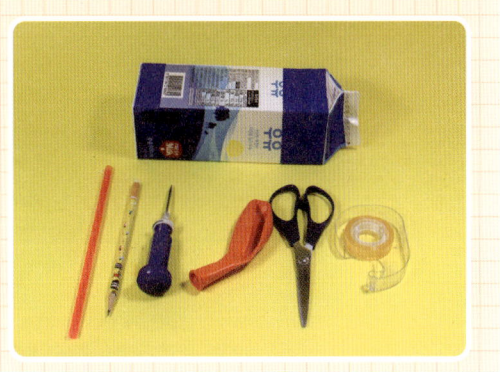

작용 반작용의 원리를 이해할 수 있어요.

이렇게 실험해요

1 우유팩을 세로로 반을 잘라요.

2 우유팩 아래쪽에 송곳으로 빨대를 넣을 구멍을 뚫어요. *어른과 함께해요!*

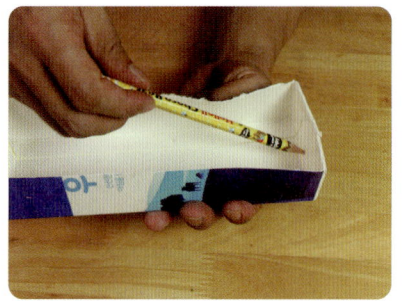

3 연필로 구멍을 빨대 굵기만큼 넓혀요.

4 풍선 입구를 잘라요.

5 빨대에 풍선을 씌워 투명 테이프로 붙여요.

6 빨대를 구멍에 끼워요. 빨대로 풍선을 불어 물에 띄워 봐요. 어떻게 움직이는지 관찰해 보세요.

건빵박사의 개념 정리

- **작용 반작용** : 한 물체(A)가 다른 물체(B)에 힘을 작용하면 다른 물체(B)도 힘을 작용한 물체(A)에 크기가 같고 방향이 반대인 힘을 작용한다는 법칙.
- **탄성** : 외부 힘에 의해 부피나 모양이 변형된 물체가 원래 모양으로 되돌아가려는 성질.
- **탄성력** : 탄성체(탄성을 지닌 물체)에 힘을 주었다가 없앨 때 원래 모양이나 상태로 되돌아가려는 힘.

잠깐!

- 물을 활용하는 실험은 물이 흘러도 상관없는 욕실이 좋아요.
- 풍선과 빨대를 연결할 때 공기가 새지 않도록 투명 테이프를 잘 붙여요.

풍선 보트는 어떻게 앞으로 나갈까?

빨대에서 나오는 공기가 빨대 뒤쪽 공기를 밀고, 뒤쪽에 있는 공기가 같은 힘으로 보트를 밀어 풍선 보트가 앞으로 나가는 원리예요. 풍선이 클수록 더 멀리 나갈 거예요.

탄성력 때문에 풍선의 크기가 줄어들면서 공기가 뒤로 나와요. 그 힘으로 풍선 보트는 앞으로 나가지요.

두근두근 실험 결과

풍선에 바람을 가득 넣고 빨대 구멍을 막아요. 물 위에 띄운 다음 구멍에서 손을 떼면 배가 앞으로 나갑니다.

이때 풍선에서 나온 공기가 뒤쪽 공기를 미는 힘을 '작용'이라고 하고 뒤쪽 공기가 보트를 앞으로 미는 힘을 '반작용'이라고 해요. 작용과 반작용의 법칙은 두 물체가 서로에게 미치는 힘이 크기는 같으나 방향은 반대인 운동 법칙입니다. 작용 반작용을 확인할 수 있는 실험이에요.

신기한 과학 이야기

빨대는 원래 짚으로 만들었어요. 풀을 말린 다음 동그랗게 말아 액체를 마실 수 있게 만든 것이지요. 빨대를 발명한 것은 고대 메소포타미아 문명을 이뤘던 수메르인이에요. 맥주를 마실 때 찌꺼기를 제외한 부분을 마시기 위해 발명했대요. 수메르인은 빨대 외에 문자와 바퀴도 발명했답니다.

18 보글보글! 춤추는 공기 방울

교과 단원
6학년 1학기 3단원 여러 가지 기체

핵심 개념
라바 램프, 밀도, 부력

용암이 끓는 장면을 만들어 볼까요? 물과 식용유, 발포 비타민만 있으면 돼요. 발포 비타민이 물에 녹을 때 나오는 이산화 탄소가 식용유를 뚫고 올라가는 모습이 마치 용암이 끓는 것처럼 보입니다. 실험해 봐요!

준비물
- ✓ 식용유
- ✓ 발포 비타민
- ✓ 컵
- ✓ 물

밀도가 다른 액체를 섞으면 어떻게 되는지 관찰해 봐요.

이렇게 실험해요

1 빈 컵에 물을 3분의 1 정도 부어요.

2 물 위에 식용유를 부어요.

3 컵에 발포 비타민을 넣어요.

4 발포 비타민이 녹는 장면을 관찰해요.

건빵박사의 개념 정리

- **라바 램프** : 병 안에서 조명 열에 녹은 왁스가 액체와 섞이지 않고 용암처럼 끓어오르며 오르락내리락하는 조명.
- **밀도** : 일정한 공간에 물질이 빽빽이 들어 있는 정도. 물질의 단위 부피당 질량, 즉 질량을 부피로 나눈 값을 말해요.
- **부력** : 물이나 공기 같은 유체가 물체를 둘러쌀 때 중력과 반대 방향의 힘으로 물체를 뜨게 하는 힘.

잠깐!

- 발포 비타민이 물과 만나도록 젓가락으로 꾹 눌러 주세요.

공기 방울은 왜 춤을 출까?

물과 기름이 만나면 섞이지 않고 기름이 물 위에 떠요. 기름이 물보다 밀도가 작기 때문입니다. 기름 위에 물을 부어도 기름이 위로 뜨지요.

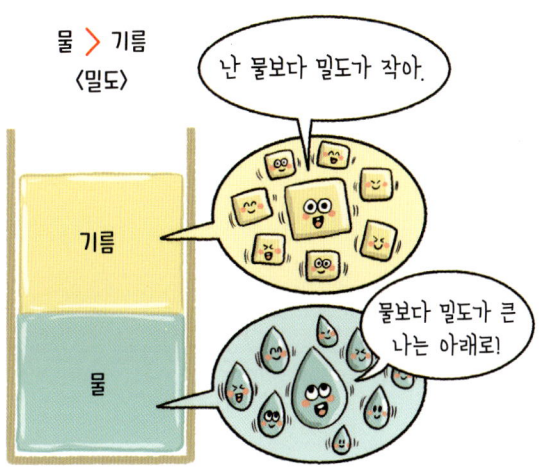

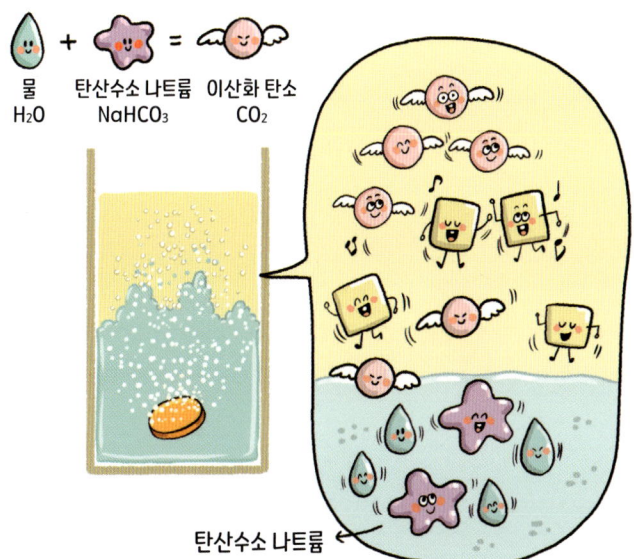

발포 비타민에는 '탄산수소 나트륨' 성분이 포함되어 있어요. 물과 탄산수소 나트륨이 만나면 이산화 탄소가 생겨요.

이산화 탄소 공기 방울은 기름을 통과해 위로 떠올라요. 기름 표면에 도착한 공기 방울은 터지고 물과 색소만 남아 아래로 다시 내려갑니다.

컵 아래에서 스마트폰 플래시를 비춰 보세요. 멋진 용암 쇼를 볼 수 있어요.

두근두근 실험 결과

물과 발포 비타민이 만나 생긴 이산화 탄소 공기 방울이 올라가며 용암이 끓는 것처럼 보여요.

기름이 물 위로 올라와요.

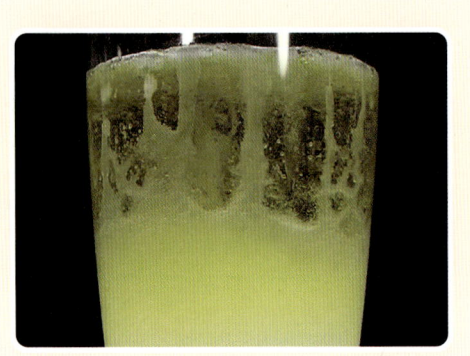

다르게 실험해 봐요!

한 컵에 다양한 액체와 물건을 넣어 보세요. 밀도가 작고 가벼운 것은 위로 뜨고 밀도가 크고 무거운 것은 아래로 가라앉을 거예요. 글리세린은 화장품에 많이 들어가는 물질로, 물보다 밀도가 크기 때문에 물 아래로 가라앉아요.

밀도 비교

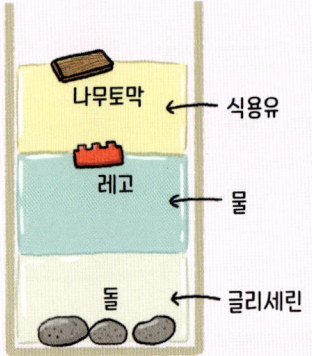

돌 > 글리세린 > 물 > 레고 > 식용유 > 나무토막

19 물이 거꾸로 오른다고요?

교과 단원
6학년 1학기 3단원 여러 가지 기체

핵심 개념
고기압, 저기압

페트병 속에 물이 거꾸로 올라가요. 촛불을 이용하면 쉽게 할 수 있어요. 페트병으로 촛불을 덮으면 불이 꺼지면서 저절로 물이 올라가지요. 어떤 힘이 작용한 것일까요?

준비물
- ✓ 양초
- ✓ 고무찰흙
- ✓ 페트병
- ✓ 물
- ✓ 접시
- ✓ 라이터*

기압에 따라 공기가 어떻게 움직이는지 확인할 수 있어요.

이렇게 실험해요

1 양초 아래에 둥글게 만든 고무찰흙을 붙여요. 양초를 접시 가운데에 두어요.

2 접시에 물을 부어요.

어른과 함께해요!

3 양초에 불을 붙여요.

4 양초 위에 페트병을 덮은 다음 접시의 물을 관찰해 보세요.

건빵박사의 개념 정리

- **고기압** : 공기 분자의 양이 주위보다 많아 상대적으로 기압이 높은 곳.
- **저기압** : 공기 분자의 양이 주위보다 적어 상대적으로 기압이 낮은 곳.

잠깐!

- 양초가 쓰러지지 않도록 고무찰흙으로 잘 고정해요.
- 같은 병으로 다시 실험할 때는 페트병 속 공기를 맑은 공기로 바꿔요. 이때 입으로 불지 말고 물로 한 번 헹궈요.
- 양초 끝과 페트병이 닿지 않도록 양초보다 길이가 긴 페트병을 사용해요.

물이 왜 거꾸로 오를까?

촛불이 켜져 있을 때 페트병 안의 공기가 열에너지를 받아 활발하게 움직여요. 고기압이 되지요. 불에 산소가 타고, 불이 꺼지면 병 안의 온도가 낮아지며 저기압이 돼요. 공기는 압력이 높은 곳에서 낮은 곳으로 흐르기 때문에 페트병 밖의 물이 페트병 안으로 들어갑니다.

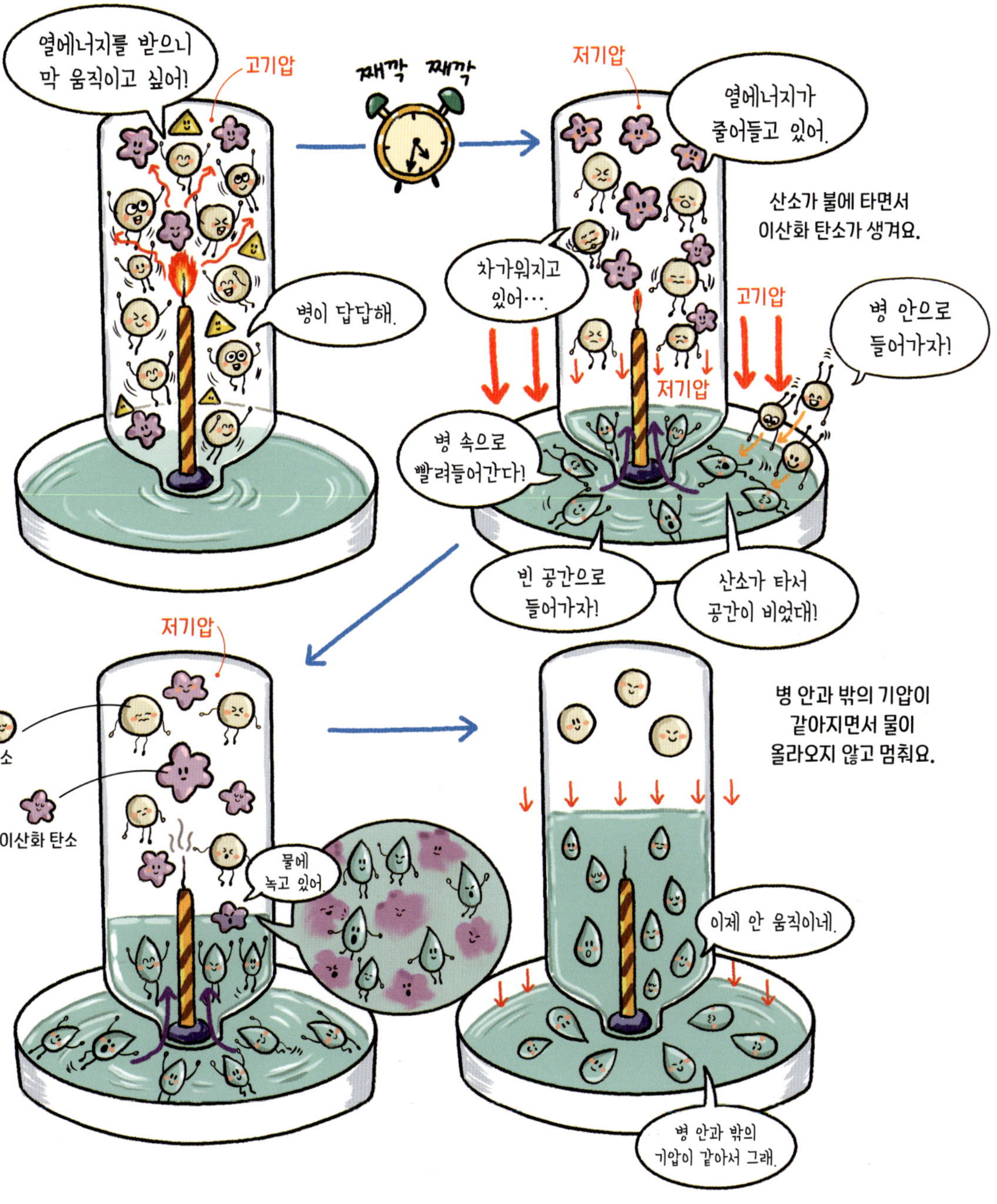

두근두근 실험 결과

촛불이 작아지고 꺼지면서 저기압이 된 페트병 안으로 물이 들어가요. 고기압에서 저기압으로 흐르는 공기의 성질 때문이에요. 기압의 힘을 눈으로 볼 수 있는 실험이에요.

다양한 병으로 실험해 보세요!

더 알아봐요!

구름 한 점 없이 날씨가 맑거나 구름이 많고 비가 내리는 이유 역시 기압과 관련이 있어요. 주위보다 기압이 높은 곳인 고기압에서는 안에서 바람이 불다가 밖으로 나가요. 구름이 없어져 날씨가 맑지요.

반대로 주위보다 기압이 낮은 곳인 저기압에서는 밖의 바람이 안으로 불어 들어와요. 바람이 들어오면서 공기가 위로 솟아요. 높이 올라간 공기는 물방울이나 얼음 알갱이로 변하는데, 이 물방울과 얼음 알갱이들이 모여 구름을 만들어 날씨가 흐려져요.

20 물속에서 위로 튀어 오르는 공 마술

교과 단원
4학년 1학기 4단원 물체의 무게

핵심 개념
부력, 수압, 중력

손을 대지 않고 물속에 가라앉아 있던 탁구공이 물 위로 확! 튀어 오르게 만드는 마술이 있어요. 방법은 아주 간단해요. 병뚜껑을 닫으면 돼요. 신기하지요? 어떤 원리가 숨어 있을지 같이 살펴볼까요?

준비물
- 아래쪽을 자른 페트병
- 병뚜껑
- 탁구공
- 물

부력이 어떤 조건에서 생기는지 알 수 있어요.

이렇게 실험해요

1 아래쪽을 자른 페트병을 뒤집은 다음 탁구공을 넣어요.

2 탁구공이 들어 있는 페트병에 물을 빠르게 부어요.

3 탁구공이 입구를 막아 물이 흐르지 않을 거예요. 뚜껑을 꼭 닫아요.

4 탁구공이 어떻게 되는지 관찰해 보세요.

건빵박사의 개념 정리

- **부력**: 물이나 공기 같은 유체가 물체를 둘러쌀 때 중력과 반대 방향의 힘으로 물체를 뜨게 하는 힘.
- **수압**: 물속에 있는 물체 표면의 모든 방향에 수직으로 작용하는 압력. 물의 무게 때문에 생겨요. 물의 깊이가 깊을수록 수압이 세집니다.
- **중력**: 지구가 물체를 끌어당기는 힘. 물체를 끌어당기는 힘의 크기를 '무게'라고 해요.

잠깐!

- 페트병에 물을 넣을 때 빠르게 넣어요. 천천히 부으면 공이 뜰 수 있어요.
- 손바닥으로 병 입구를 막아도 돼요.

공을 위로 튀어 오르게 하는 힘은?

뚜껑이 열린 페트병에 물을 부어도 물이 아래로 새지 않아요. 위에서 붓는 물의 수압과 중력 때문에 탁구공이 병 입구에 딱 달라붙기 때문이에요.

페트병을 뚜껑으로 닫는 순간 탁구공이 물 위로 튀어 오르는 이유는 사방에서 작용하는 물의 부력 때문이에요.

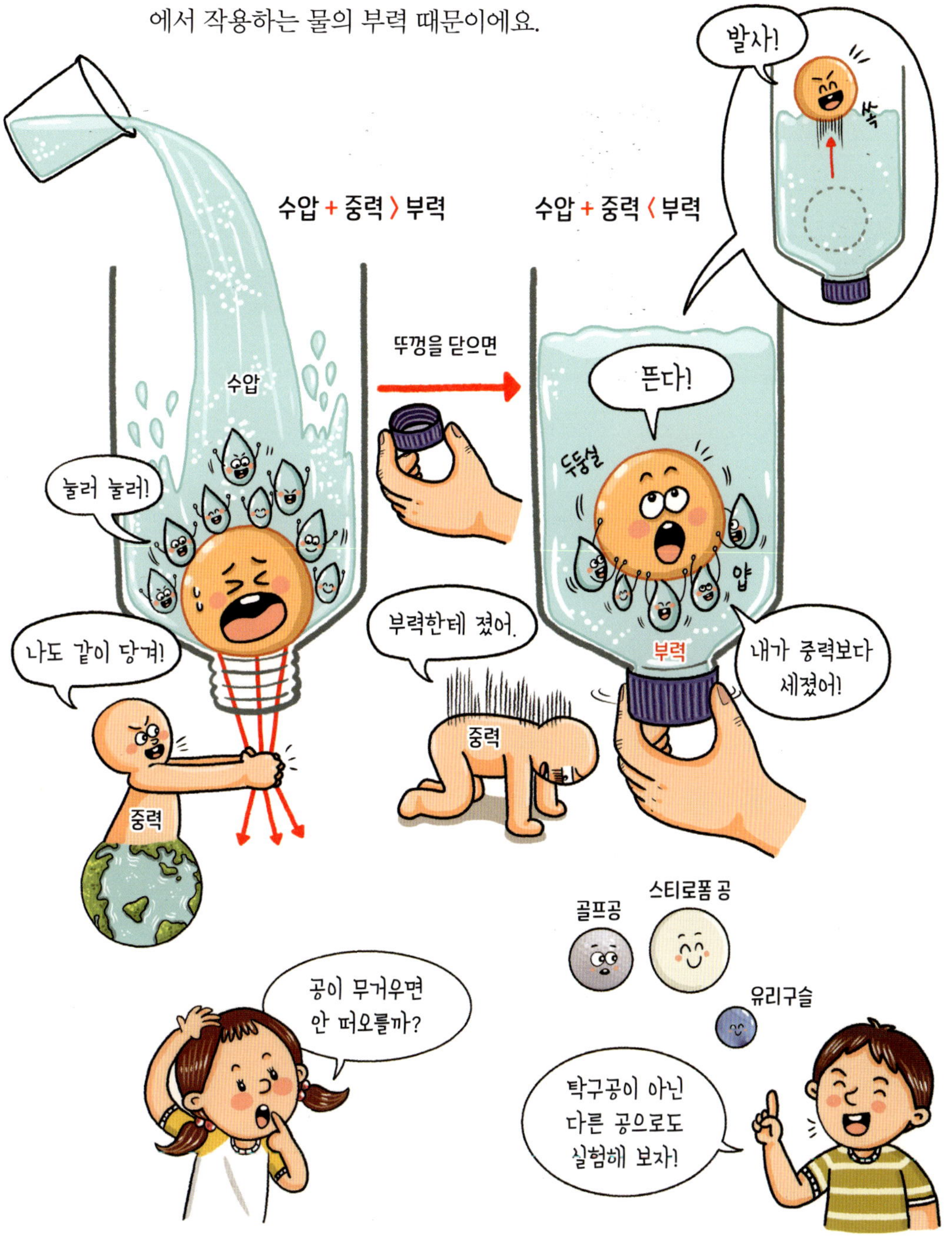

두근두근 실험 결과

페트병 뚜껑을 닫으면 순식간에 탁구공이 위로 튀어 올라요. 뚜껑이 열려 있을 때는 물이 탁구공을 누르는 힘인 수압과 중력 때문에 떠오르지 못하다가, 뚜껑을 닫는 순간 탁구공의 부력에 의해 떠오르게 된 것이에요.

다르게 실험해 봐요!

물을 받은 대야에 탁구공을 띄어 놓아요. 페트병에 담긴 물을 탁구공 위로 쪼르르 부어요. 페트병을 이리저리 천천히 움직이며 위치를 바꿔 보세요. 탁구공이 물줄기를 따라 움직일 거예요. 떨어지는 물이 탁구공을 감싸 흐르면서 탁구공을 잡았기 때문이에요.

신기한 과학 이야기

부력은 아르키메데스의 원리라고도 해요. 고대 그리스의 수학자 아르키메데스가 발견한 원리이기 때문이지요.
    아르키메데스는 왕의 금관이 순금으로 만들어진 것인지 조사하던 중에 부력의 원리를 발견했어요. 물이 가득 찬 욕조에 몸을 담글 때 물이 밖으로 흘러넘친 것을 보고 부력의 원리를 깨달았지요. 아르키메데스는 원리가 떠오른 순간 그리스어로 '알았다'라는 뜻인 '유레카!'라고 외쳤다고 합니다.

3장 홀로그램을 만들 수 있다고요?

내 손으로 뚝딱! 만드는 실험

원하는 사진으로 홀로그램을 만들어 봐요. 나무젓가락과 고무줄만 있으면 고무줄 총이나 투석기 장난감도 만들 수 있지요. 풍선 물레방아, 자석 거미, 팽이를 직접 손으로 만들면서 과학 원리를 익혀요!

미리 보는 과학 개념 톡톡!

공기의 흐름, 사이펀, 지레의 원리, 탄성력

• 공기의 흐름
구름 한 점 없이 하늘이 맑거나 바람이 많이 불고 비가 오는 날씨는 공기의 흐름과 관련이 있어요. 공기의 흐름은 대기의 온도나 기압 차이에 의해 공기가 흐르는 현상을 말해요. 공기는 고기압에서 저기압 방향으로 이동하는데, 기압 차이가 클수록 바람의 세기가 커져요.

• 사이펀
화장실 변기통의 모양을 확인해 보세요. 변기통 뒤를 보면 S자 형태로 꺾여 있을 거예요. 이 모양 덕분에 변기 아래에서 나는 냄새가 위로 올라오지 않아요. 여기에 적용된 과학 원리가 바로 '사이펀의 원리'입니다. 기압 차이와 중력을 이용해 높은 곳에 있는 액체를 낮은 곳으로 옮기는 장치를 '사이펀'이라고 합니다.

• 지레의 원리
시소 반대편에 나보다 무거운 사람이 앉았을 때, 시소 끝으로 가서 앉으면 균형이 맞춰져요. 시소나 저울은 지레의 원리를 활용한 물건이에요. 지레는 막대 등을 사용해 적은 힘으로도 무거운 물체를 움직일 수 있는 도구예요. 지레에는 작용점, 힘점, 받침점이 있는데, 받침점과 힘점이 멀수록 적은 힘으로 무거운 물체를 움직일 수 있어요.

• 탄성력
풍선을 불었다가 놓으면 풍선 속 공기가 빠져나가면서 다시 원래 모양으로 돌아와요. 고무줄도 당겼다가 놓으면 원래 모양으로 돌아가지요. 이처럼 외부의 힘 때문에 부피나 모양이 바뀐 물체가 원래 모양으로 되돌아가려는 힘을 '탄성력'이라고 해요.

21 내 손으로 만드는 홀로그램

교과 단원
6학년 1학기 5단원 빛과 렌즈

핵심 개념
빛의 반사, 차원, 홀로그램

평면 그림은 2차원입니다. 여기에 공간 개념이 추가되면 3차원이 됩니다. 2차원의 스마트폰 영상을 3차원 홀로그램으로 만들 수 있어요. 스마트폰과 투명 필름으로 나만의 멋진 홀로그램을 만들어 볼까요?

준비물

- 홀로그램 만들기 도면 [부록]
- OHP 필름(투명 필름)
- 투명 테이프
- 네임 펜
- 가위
- 자
- 스마트폰

빛이 반사하는 현상을 알아봐요.

이렇게 실험해요

부록의 도안 ⑦을 활용하세요.

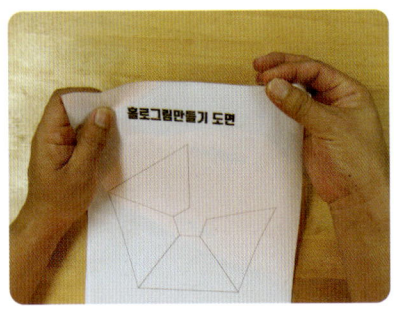

1 홀로그램 만들기 도면 위에 OHP 필름을 깔고 테이프로 붙여 고정해요.

2 OHP 필름 위에 자를 대고 네임 펜으로 도면의 선을 따라 그려요.

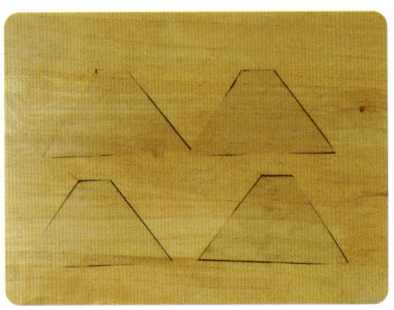

3 가위로 테두리를 따라 잘라 사다리꼴 도형 4개를 만들어요.

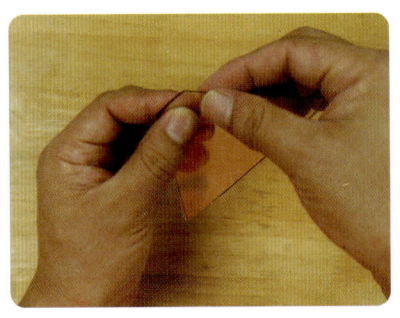

4 사다리꼴 도형 4개를 투명 테이프로 붙여 피라미드 모양으로 만들어요.

5 사다리꼴 피라미드가 완성되었어요.

6 사다리꼴 피라미드를 스마트폰 위에 올려요. 홀로그램 어플을 켠 다음 홀로그램이 어떻게 나타나는지 관찰해 보세요.

건빵박사의 개념 정리

- **빛의 반사 :** 직진하던 빛이 물체에 부딪쳤을 때 진행 방향이 바뀌어 나아가는 현상.
- **차원 :** 점은 0차원, 직선은 1차원, 평면은 2차원, 공간 또는 입체는 3차원의 공간이에요.
- **홀로그램 :** 두 개의 빛이 서로 만나 일으키는 빛의 현상을 이용해 3차원 영상을 보여 주는 기술.

잠깐!

- 사다리꼴 필름을 붙일 때는 두 개를 겹친 다음 모서리에 투명 테이프를 붙여야 고정이 잘돼요.
- 유튜브에서 '스마트폰 홀로그램'을 검색해 보세요.

아무것도 없는데 있는 것처럼 보이는 이유는?

빛이 투명 필름에 부딪혀 튕겨 나가면서 빛의 반사가 이루어집니다. 실제 그림은 바닥에 있는데 붕 떠 보이는 것이지요. 이처럼 빛에 반사된 그림들이 합쳐져 입체적으로 보이는 3차원 영상을 '홀로그램'이라고 해요.

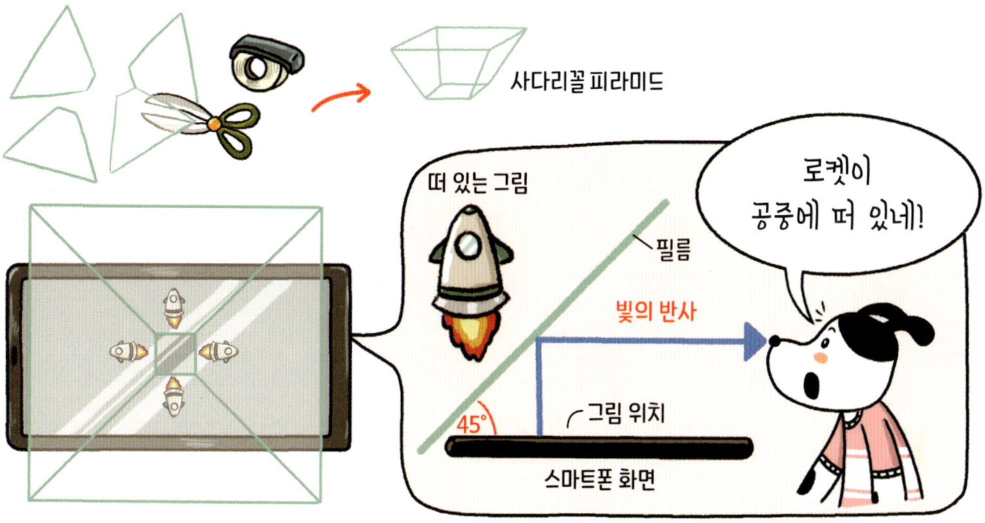

사다리꼴 피라미드

떠 있는 그림
필름
빛의 반사
그림 위치
45°
스마트폰 화면

로켓이 공중에 떠 있네!

신기해! 공중에 아무것도 없는데 로켓이 떠 있는 것처럼 보여.

로켓이 붕 떠 있는 것처럼 보이는 건 빛이 반사돼서 그래.

이렇게 빛의 반사를 이용해 만든 홀로그램을 '플로팅 홀로그램' 또는 '유사 홀로그램'이라고 합니다.

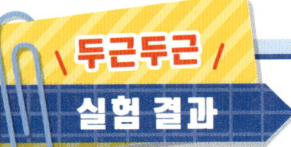 실험 결과

스마트폰 화면 속 그림이 공중에 떠 있어요. 홀로그램 어플에는 같은 그림 4개가 네 방향으로 나오는데, 그림들이 하나로 합쳐져 3D로 보입니다.

필름을 기울인 각도	홀로그램이 보임	홀로그램이 보이지 않음
30도		O
45도	O	
60도		O
90도		O

필름이 45도로 기울어져 있어야 홀로그램이 보여요.

 **신기한 과학 이야기**

홀로그램은 우리 주변에서 많이 쓰이고 있어요. 신용카드에 조그맣게 붙어 있는 홀로그램은 위조를 방지하기 위한 반사형 홀로그램이지요. 이 밖에도 여러 상품에 정보를 구별하기 위해 붙여 놓은 홀로그램도 있어요.

22 더 오래, 더 멀리 나는 고리 비행기

교과 단원
3학년 2학기 4단원 물질의 상태

핵심 개념
공기의 흐름, 베르누이 정리, 양력

종이비행기를 날리면 얼마나 멀리 날아가나요? 고리 모양으로 된 비행기는 훨씬 오래 날고 멀리 날아가요! 종이비행기보다 더 오래, 더 멀리 날아가는 고리 비행기를 만들어 볼까요?

준비물
- ✓ 길게 자른 색종이
- ✓ 빨대
- ✓ 클립
- ✓ 양면테이프
- ✓ 가위

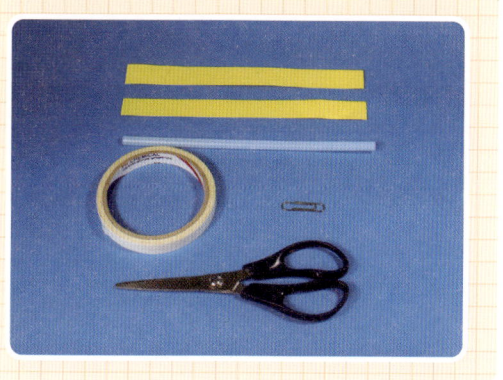

비행 원리를 이해할 수 있어요.

이렇게 실험해요

1 색종이를 길게 자른 다음 끝에 양면테이프를 붙여요.

2 각 색종이의 양 끝을 붙여 고리를 두 개 만들어요.

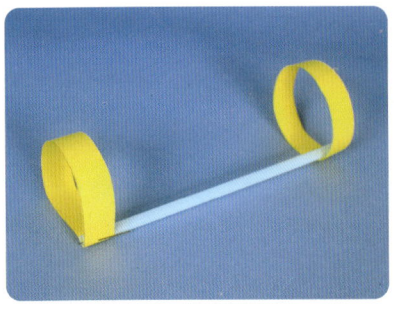

3 빨대 양쪽 끝에 고리를 한 개씩 양면테이프로 붙여요.

4 빨대 한쪽 끝에 클립을 끼워요.

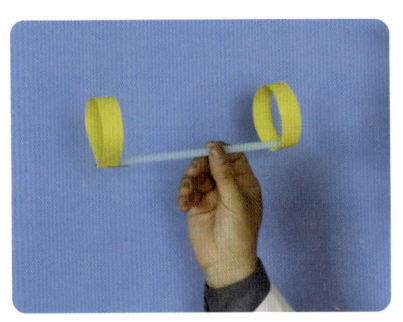

5 클립을 낀 쪽을 앞으로 두고 고리 비행기를 날려요.

건빵박사의 개념 정리

- **공기의 흐름** : 대기의 온도나 기압 차이에 의해 공기가 흐르는 현상. 공기는 고기압에서 저기압 방향으로 이동하는데, 기압 차이가 클수록 바람의 세기가 커져요.
- **베르누이의 정리** : 유체(흐를 수 있는 기체나 액체)가 빠르게 흐르면 압력이 감소하고 느리게 흐르면 압력이 증가하는 법칙.
- **양력** : 물체가 유체 속에서 움직일 때 수직 방향으로 받는 힘. 비행기가 빠르게 움직일 때 위로 뜨게 해 하늘을 날 수 있게 하는 힘을 말해요.

잠깐!

- 고리 비행기를 던질 때 수평으로 던져야 잘 날아요.
- 고리의 크기, 종이의 종류, 던지는 방법을 다르게 해서 던져 보세요. 어떤 방법이 가장 잘 날아가는지 찾아봅시다.

고리 비행기가 더 잘 나는 이유는 무엇일까?

종이를 접어 만든 종이비행기보다 고리 비행기가 더 멀리 오래 날아요. 고리 비행기는 고리 두 개가 공기의 흐름을 일직선으로 만들어 수평으로 잘 날아가요. 또 앞 고리에 끼운 클립이 무게 중심을 앞으로 두어 앞쪽으로 잘 날아가는 원리예요.

비행기 날개는 아래는 납작하게, 위에는 볼록하게 생겼어요. 이 생김새 덕분에 날개 위와 아래에 흐르는 공기의 속도가 달라요. 아래쪽은 느리고 위쪽은 빠르지요. 속도 차이로 중력보다 양력이 더 커져 하늘을 날 수 있어요.

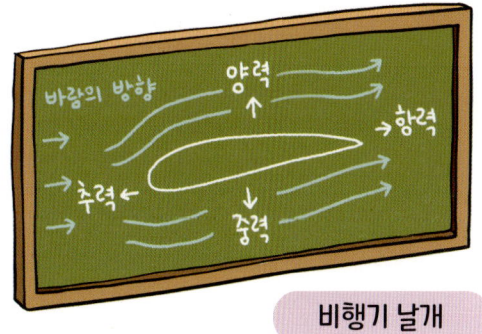

비행기 날개

두근두근 실험 결과

고리 비행기를 앞으로 날리면 공기 사이를 미끄러지듯이 잘 날아갈 거예요.

앞에 끼운 클립이 앞쪽을 무겁게 만들어 고리 비행기가 앞으로 똑바로 날아가게 만든답니다.

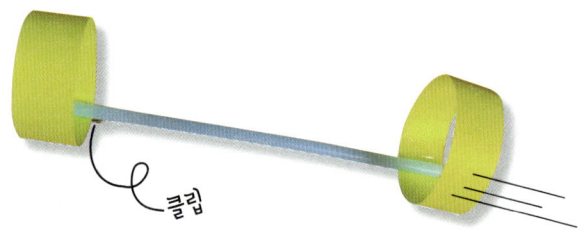
클립

다르게 실험해 봐요!

아래 사진처럼 왕관 비행기를 만들어 보세요. 고리 비행기와 비교했을 때 어떤 비행기가 더 오래 날까요?

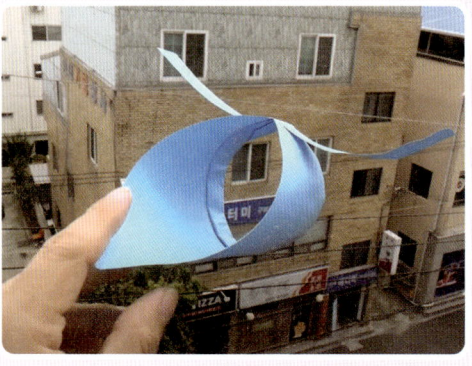

왕관 비행기 만드는 방법

23. 물을 아무리 넣어도 넘치지 않는 컵?

교과 단원
6학년 1학기 3단원 여러 가지 기체

핵심 개념
대기압, 사이펀, 중력

물이 가득찬 컵에 물을 계속 부으면 넘치겠지요? 그런데 계영배라는 잔은 물이 일정량 이상 차면 꺾인 빨대를 통해 물이 아래로 흘러내립니다. 우리 조상들이 술을 따를 때 잔에 술이 가득차지 않도록 만든 술잔이 계영배입니다.

준비물
- 빨대
- 물
- 페트병
- 투명 테이프
- 연필
- 투명한 플라스틱 컵
- 글루 건*
- 송곳*

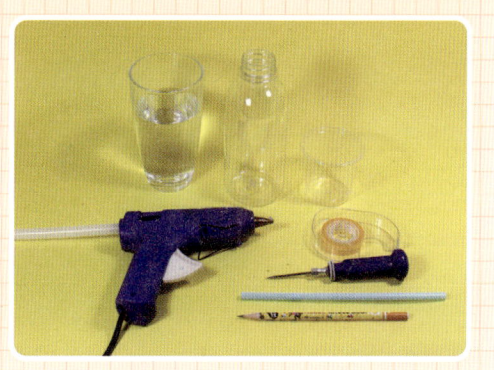

일상생활에서 사용되는 사이펀의 원리를 이해할 수 있어요.

107

이렇게 실험해요

1 투명 컵 바닥에 송곳으로 구멍을 뚫어요.

2 빨대가 들어가도록 연필로 구멍을 넓혀요.

3 빨대를 구부려 지팡이처럼 만들어요. 투명 테이프를 붙여 고정해요.

4 빨대를 컵 구멍에 끼워요. 물이 새지 않도록 틈을 글루 건으로 막아요.

5 튀어나온 빨대를 2cm 정도 남기고 잘라요.

6 페트병 위에 투명 컵을 올린 다음 물을 부어요. 물이 어떻게 되는지 관찰해 보세요.

건빵박사의 개념 정리

- **대기압** : 공기가 누르는 힘. 기압 또는 대기압이라 합니다. 높은 곳일수록 기압이 낮아요.
- **사이펀** : 용기를 움직이지 않고 기압 차이와 중력을 이용해 높은 곳에 있는 액체를 낮은 곳으로 옮기는 장치.
- **중력** : 지구가 물체를 끌어당기는 힘. 물체를 끌어당기는 힘의 크기를 '무게'라고 해요.

잠깐!

- 빨대의 꺾인 부분이 물의 흐름을 막지 않도록 잘 고정해요.
- 계영배에 물을 부어도 잘 내려가지 않으면 페트병 속 공기가 빠져나가도록 컵을 살짝 들어요.

계영배는 왜 물이 넘치지 않을까?

술을 관(빨대)의 맨 윗부분(빨대의 구부러진 부분) 높이보다 적게 따르면, 술의 수압과 관 안쪽의 대기압이 같기 때문에 술이 새지 않지요. 술을 계속 따르면, 술의 수압이 관 안쪽의 대기압보다 커져, 술이 관 속으로 들어갑니다.

빨대 입구에서는 물의 압력이 대기압보다 커서 올라가고, 맨 윗부분에서는 수압의 힘에 중력까지 더해져 물이 아래로 떨어져요. 한번 흐른 물은 물 알갱이가 서로 끌어당기는 힘인 응집력과 대기압에 의해 계속 흐른답니다. 이런 원리를 '사이펀의 원리'라고 합니다.

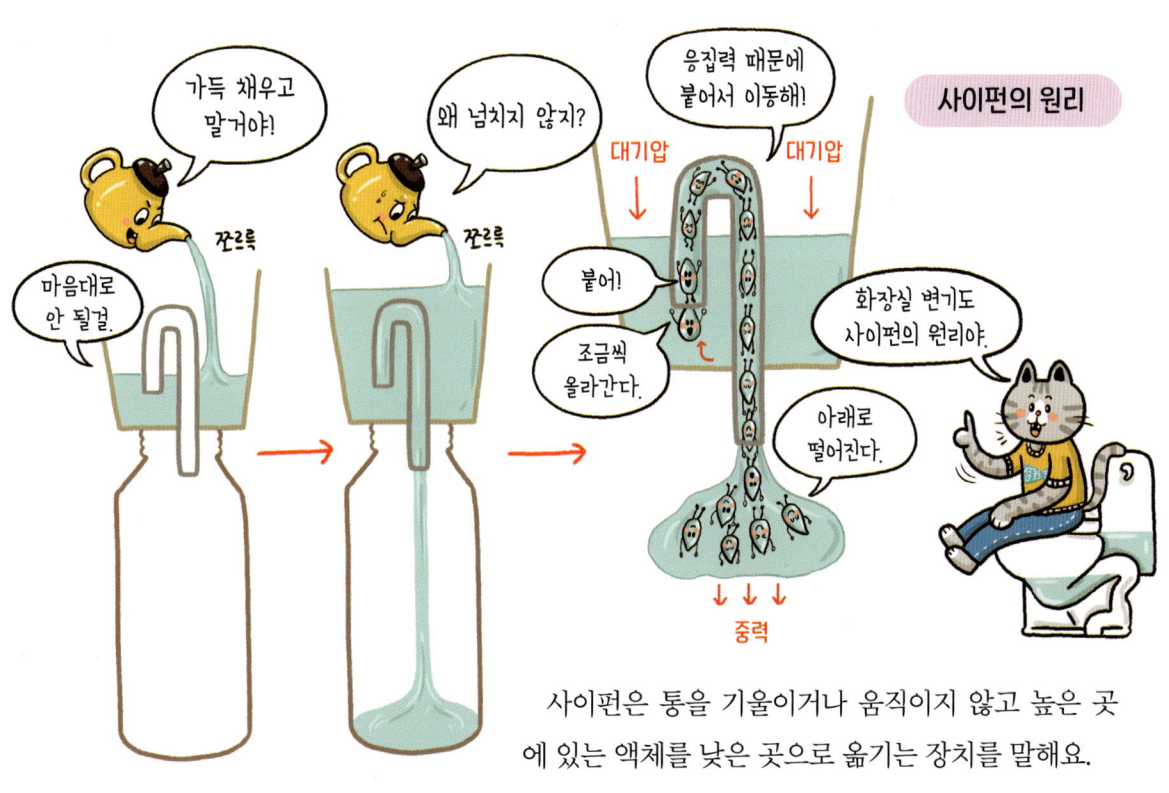

사이펀은 통을 기울이거나 움직이지 않고 높은 곳에 있는 액체를 낮은 곳으로 옮기는 장치를 말해요.

두근두근 실험 결과

물이 빨대가 구부러진 부분보다 높게 차야 물이 아래로 떨어지기 시작해요. 빨대는 대기압에 의해 물을 아래로 내려보냅니다. 컵을 살짝 들어 올리면 물이 더 빨리 내려갈 거예요.

사이펀의 원리로 떨어지는 파란색 물과 페트병 속 노란색 물이 섞여 초록색 물로 변했어요!

신기한 과학 이야기

우리 주변에서 사이펀의 원리를 활용한 것을 쉽게 찾아볼 수 있어요. 화장실에 있는 변기와 세면대에 사이펀의 원리가 적용되어 있어요. 물이 내려가는 관을 보면 S자 형태로 꺾여 있을 거예요. 이런 모양 덕분에 냄새가 관을 타고 올라오지 않는답니다. 어항에 담긴 물을 뺄 때 사용하는 여과기나 물을 막아 두는 댐에도 사이펀의 원리가 적용됩니다.

24 나무젓가락 총을 만들어 보자!

교과 단원
4학년 1학기 4단원 물체의 무게

핵심 개념
탄성, 탄성력, 탄성체

주변에서 쉽게 구할 수 있는 재료를 이용해 멋진 총 장난감을 만들어 봐요. 나무젓가락과 고무줄을 이용해 만든 나무젓가락 고무줄 총입니다. 고무줄을 앞부분에 걸어 놓고 방아쇠를 당기면 고무줄이 슝 하고 날아갑니다.

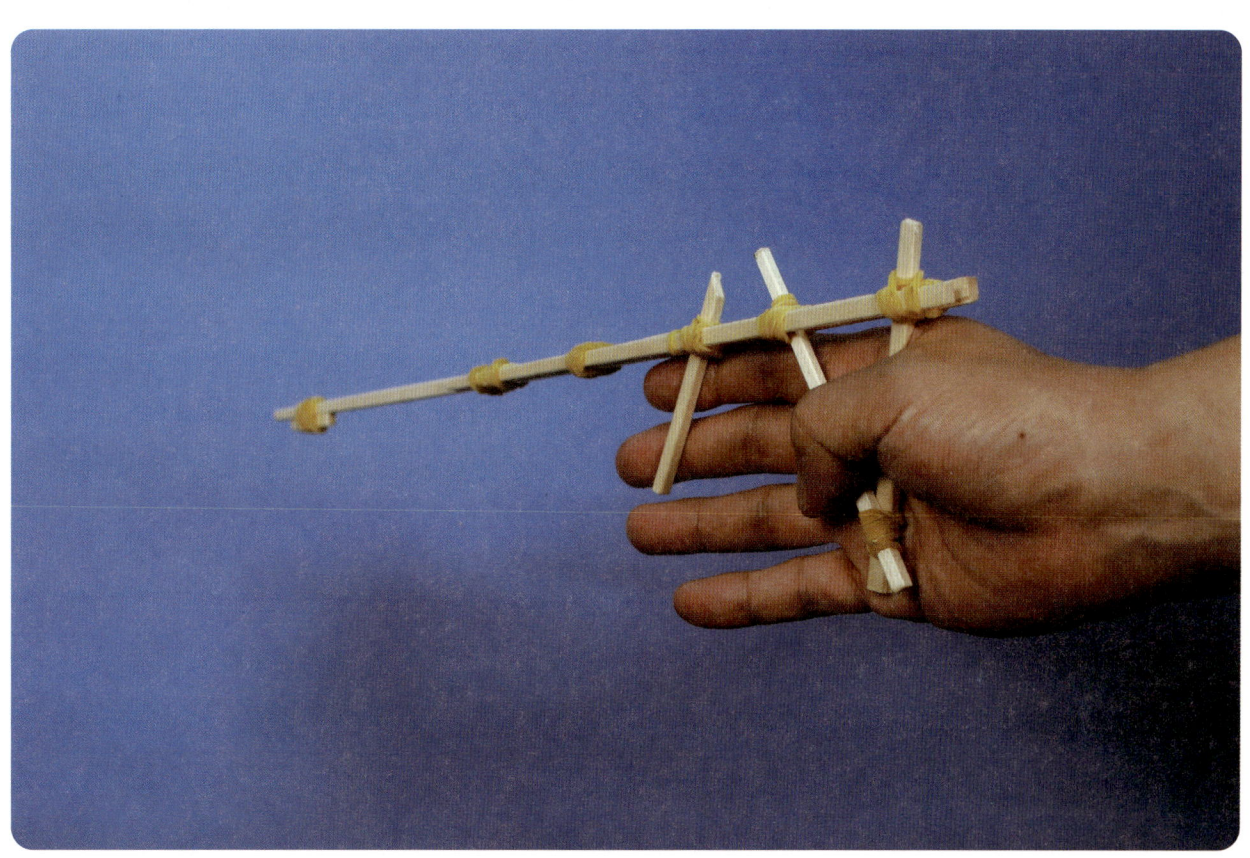

준비물
- 나무젓가락 낱개 5개
- 고무줄
- 전지가위*

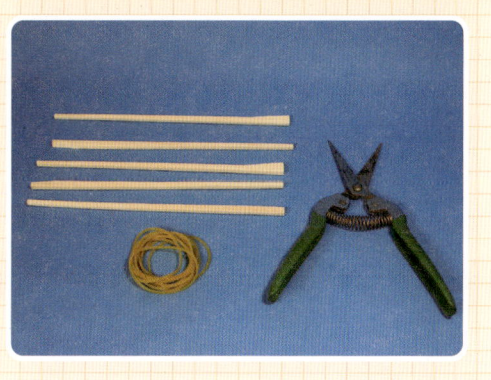

고무줄이 가진 탄성력이 어떤 조건에서 커지는지 알아봐요.

이렇게 실험해요

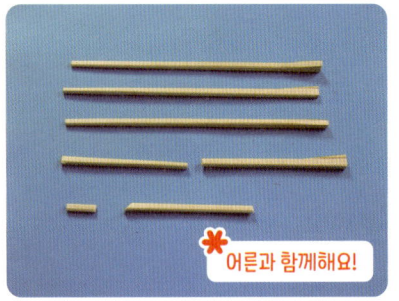

1 전지가위로 나무젓가락을 사진과 같이 잘라요. 낱개 2개를 2분의 1짜리 3개, 8분의 1짜리 1개로 잘라요.

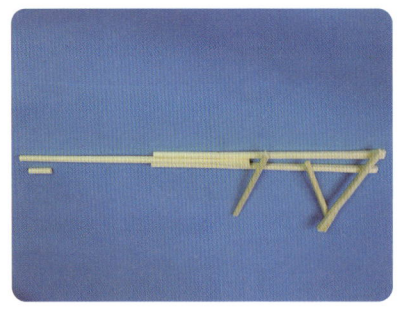

2 자른 나무젓가락을 사진처럼 조립해요.

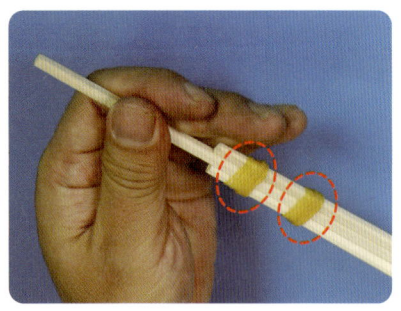

3 먼저 총 가운데 나무젓가락을 고무줄로 감아요.

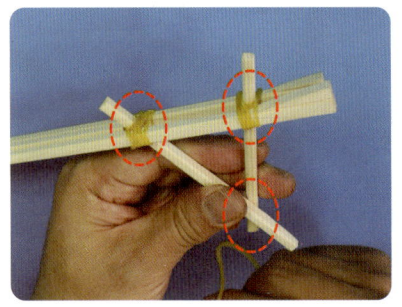

4 손잡이를 고무줄로 감아요.

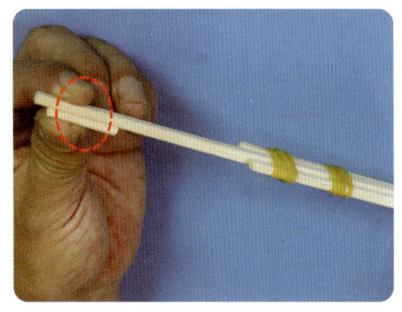

5 총 앞에 8분의 1짜리 조각을 윗부분보다 조금 뒤쪽에 대고 고무줄로 감아요. 고무줄 총알을 거는 부분이에요.

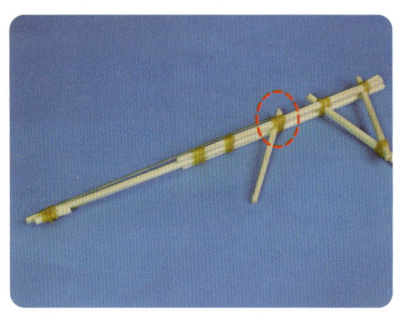

6 마지막으로 방아쇠를 고무줄로 감아 완성해요.

건빵박사의 개념 정리

- **탄성** : 외부 힘에 의해 부피나 모양이 바뀐 물체가 원래 모양으로 되돌아가려는 성질.
- **탄성력** : 탄성체에 힘을 주었다가 없앨 때 원래 모양이나 상태로 되돌아가려는 힘.
- **탄성체** : 외부 힘에 의해 바뀐 물체가 힘을 받지 않을 때 원래 모양으로 되돌아가려는 성질을 지닌 물체.

잠깐!

- 만드는 영상을 보며 차근차근 따라 만들어요.
- 전지가위로 나무젓가락을 자르고 고무줄로 조립하는 과정은 반드시 어른과 함께해요!
- 고무줄을 헐겁게 감으면 총이 쉽게 부서질 거예요. 고무줄을 당겨서 최대한 많이 감아 주세요.

고무줄 총이 날아가는 이유

고무줄에는 원래 모양으로 돌아가려는 힘인 탄성력이 있어요. 고무줄을 길게 팽팽하게 당길수록 탄성력이 커져서 멀리 날아갑니다.

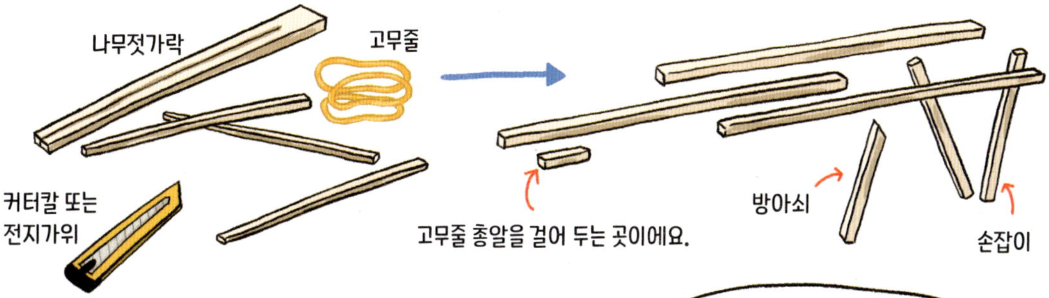

나무젓가락 / 고무줄 / 커터칼 또는 전지가위 / 고무줄 총알을 걸어 두는 곳이에요. / 방아쇠 / 손잡이

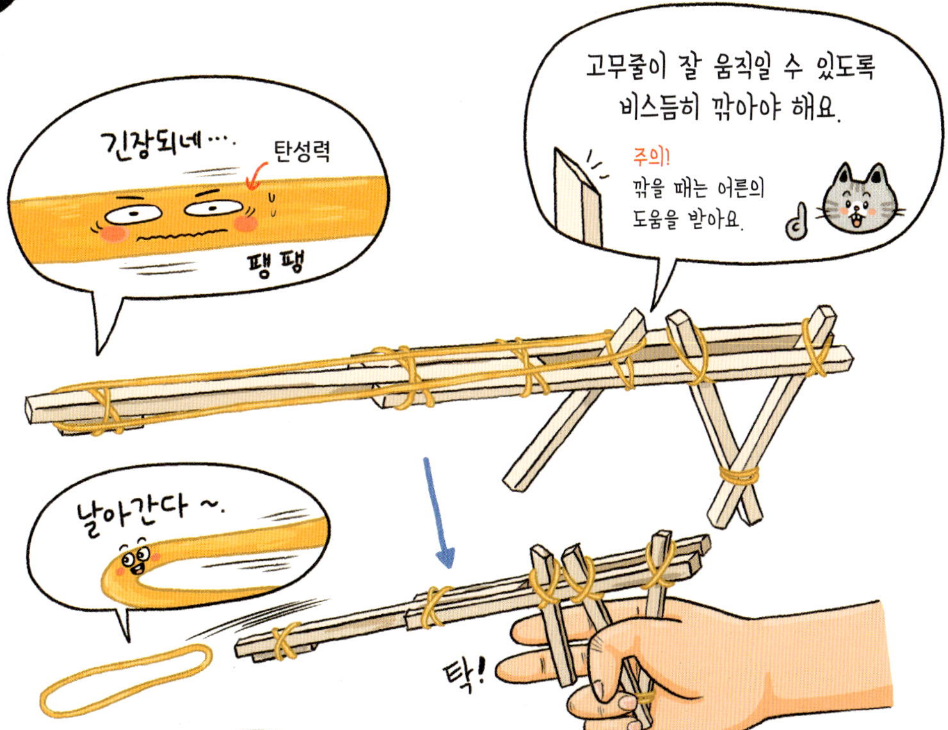

긴장되네…. 탄성력 팽팽

고무줄이 잘 움직일 수 있도록 비스듬히 깎아야 해요.
주의! 깎을 때는 어른의 도움을 받아요.

날아간다~.

탁!

퍽! 명중!

맞췄다! 나도 쏴 볼래! 슝!

주의! 사람을 향해 쏘지 마세요. 고무줄 총알을 맞으면 많이 아파요.

두근두근 실험 결과

고무줄을 늘인 상태에서 나무젓가락 여러 개를 묶으면 서로 단단하게 연결됩니다. 방아쇠와 총 앞부분에 고무줄을 걸친 다음 방아쇠를 당겨 보세요. 방아쇠를 당기면 고무줄 총알이 앞으로 튕겨 나갑니다.

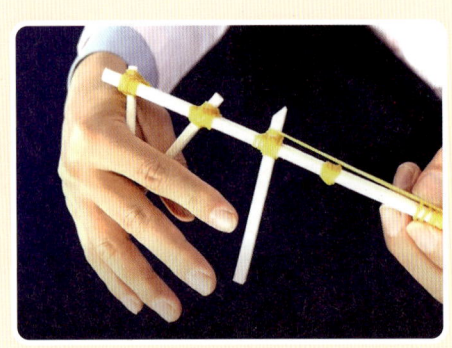

탄성력 실험 모아 보기

- **17번** 누가 누가 더 빠를까? 풍선 보트 → 81쪽
- **25번** 부릉부릉 풍선 자동차 → 115쪽
- **29번** 초간단! 나무젓가락 투석기 만들기 → 131쪽
- **48번** 꿈틀꿈틀 움직이는 애벌레 → 211쪽

신기한 과학 이야기

고무줄처럼 탄성을 가진 물체로는 머리를 묶는 머리 끈, 풍선, 용수철 등이 있어요. 올림픽 경기에서도 장대높이뛰기 경기에 쓰이는 장대, 양궁에 쓰이는 활, 다이빙 경기에서 쓰이는 다이빙대 등 탄성을 이용한 물체를 많이 볼 수 있어요.

25 부릉부릉 풍선 자동차

교과 단원
5학년 2학기 4단원 물체의 운동 심화

핵심 개념
작용 반작용, 탄성력

빨대와 풍선으로 자동차를 만들 수 있어요. 빨대로 풍선을 불어 자동차가 앞으로 나가게 하지요. 풍선 자동차를 움직여 보면서 어떤 원리가 있는지 알아보세요!

준비물
- ✓ 풍선
- ✓ 빨대
- ✓ 자동차 그림 [부록]
- ✓ 가위
- ✓ 축이 달린 바퀴 2쌍
- ✓ 빨래집게 2개
- ✓ 풀, 투명 테이프

작용 반작용의 법칙이 실생활에 어떻게 적용되는지 알아봐요.

115

이렇게 실험해요

부록의 도안 ②을 활용하세요.

1 자동차 그림을 가위로 잘라요.

2 풍선 입구를 자른 후 빨대에 끼워 테이프를 붙여요.

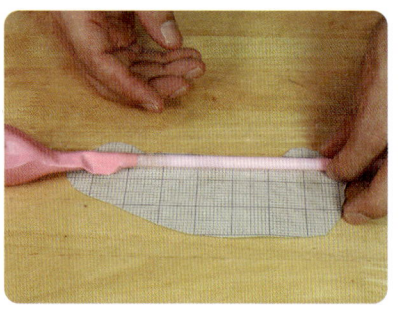

3 자동차 그림에 빨대를 테이프로 붙여요.

4 사진처럼 바퀴 축과 빨래집게를 연결해요.

5 빨래집게로 자동차 그림을 집어요. 빨대로 풍선을 불었다가 바닥에 놓아요.

건빵박사의 개념 정리

- **작용 반작용** : 한 물체(A)가 다른 물체(B)에 힘을 작용하면 다른 물체(B)도 힘을 작용한 물체(A)에 크기가 같고 방향이 반대인 힘을 작용한다는 법칙.
- **탄성력** : 탄성체에 힘을 주었다가 없앨 때 원래 모양이나 상태로 되돌아가려는 힘.

잠깐!

- 빨대에 테이프로 풍선을 붙일 때 공기가 새지 않도록 빈틈없이 붙여요.
- 페트병 뚜껑으로 바퀴를 만들어도 돼요. 뚜껑을 자동차 그림 아래에 붙이면 됩니다.
- 자동차 몸에 바로 뚜껑을 연결하면 빨래집게가 없어도 됩니다.

과학 원리가 쏙쏙!

풍선 자동차는 어떻게 앞으로 나갈까?

풍선을 불었다가 놓으면 탄성력 때문에 원래 모양으로 돌아와요. 풍선 속에 있는 공기가 밖으로 나오면서 공기의 작용 반작용으로 자동차가 앞으로 나갑니다. 풍선이 클수록 공기의 양이 많아 멀리 나갑니다.

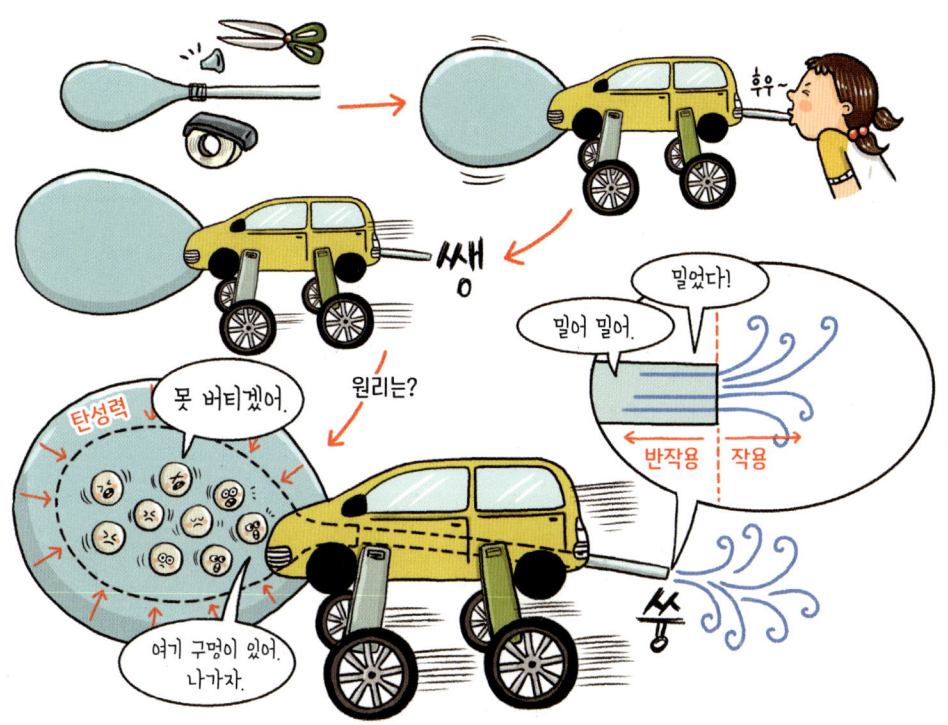

로켓이 엔진의 힘으로 하늘로 올라가고, 롤러스케이트를 탄 채 손으로 벽을 밀면 벽으로부터 밀려 나는 것도 작용 반작용입니다.

두근두근 실험 결과

풍선 속 공기가 빠지면서 자동차가 앞으로 나가요. 풍선이 크면 클수록 자동차는 멀리 나가지요.

종이나 유리같이 마찰력이 작은 바닥에서는 멀리 나가지 못해요. 천이나 카펫같이 마찰력이 적당한 바닥에서 풍선 자동차가 더 멀리 나갈 수 있습니다.

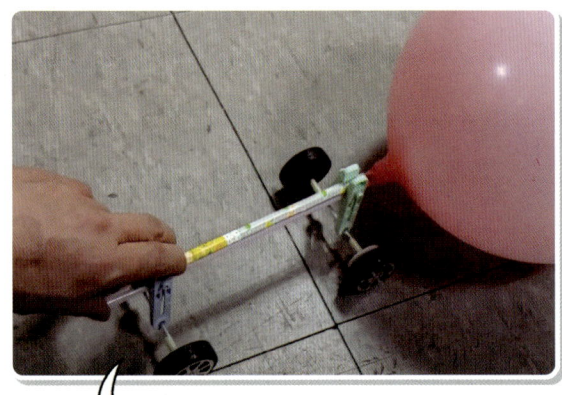

빨대에서 손을 떼면 앞으로 슝 나가요!

작용 반작용 실험 모아 보기
- 17번 누가 누가 더 빠를까? 풍선 보트 → **81쪽**
- 43번 누구에게나 공평한 구슬치기 놀이 → **191쪽**

 다르게 실험해 봐요!

풍선 대신 빨대와 종이컵으로도 앞으로 나가는 자동차를 만들 수 있어요. 종이컵을 바퀴와 연결한 다음 빨대를 종이컵 안쪽에 넣고 불어 보세요. 어떻게 될까요?

컵의 크기나 빨대의 길이에 따라서도 실험 결과가 달라질까요? 실험해 보세요!

26 초간단! 빨대 피리

교과 단원
3학년 2학기 5단원 소리의 성질

핵심 개념
떨림판, 소리의 발생, 진동

빨대 하나로도 내가 좋아하는 노래를 연주할 수 있다고요? 할 수 있어요! 악기에서 사용하는 리드(떨림판)를 만들어 주면 됩니다. 투명 테이프로 리드를 만들면 다양한 음을 만들어 연주할 수 있어요. 만들어 볼까요?

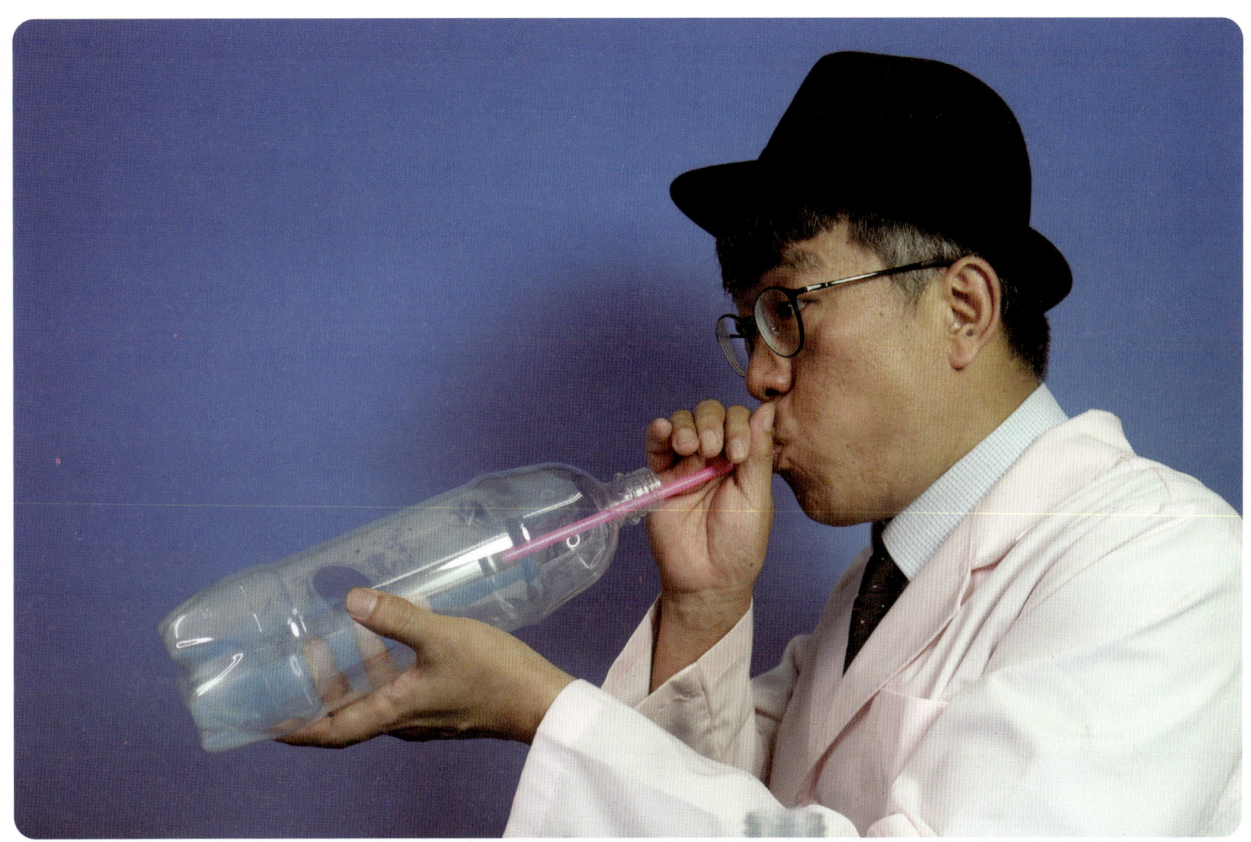

준비물
- 1.5L짜리 페트병
- 500mL짜리 페트병
- 투명 테이프
- 가위
- 빨대

소리의 높낮이가 달라지는 조건을 알 수 있어요.

119

이렇게 실험해요

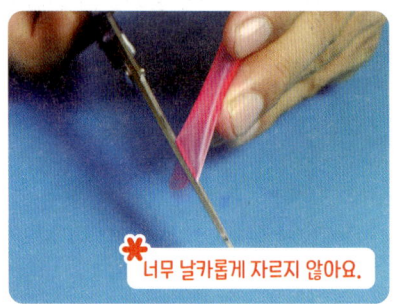

1 빨대 끝을 비스듬히 잘라요.

*너무 날카롭게 자르지 않아요.

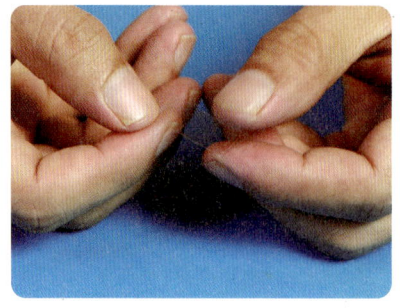

2 투명 테이프를 반으로 접어 리드(떨림판)를 만들어요.

*짧은 부분에 붙여요.

3 리드를 비스듬히 자른 부분에 겹쳐 붙이면 빨대 피리 완성!

4 1.5L짜리 페트병에 빨대 피리를 넣고 불어요.

5 500mL짜리 페트병에 빨대 피리를 넣고 불어요. 소리가 어떻게 다른지 들어 보세요.

건빵박사의 개념 정리

- **떨림판** : 악기의 주둥이 부분에 끼우는 얇은 판. 리드라고도 해요. 입으로 불면 떨림판이 떨면서 소리가 나요.
- **소리** : 물체가 진동하면서 주위의 매질(공기, 물 등)을 진동시켜 퍼져 나가는 현상. 음파가 귀에 들리는 것을 소리라고 해요.
- **진동** : 물체가 같은 시간 간격으로 앞뒤로 흔들리거나 움직이는 일이 반복되는 상태.

잠깐!

- 빨대 피리를 빨아 당기지 마세요. 리드(투명 테이프)가 입으로 들어올 수 있어 위험합니다.
- 빨대 피리를 가위로 잘라 불어 보세요. 빨대가 짧아질수록 점점 높은 소리가 납니다.

페트병 크기나 빨대 길이가 소리의 높낮이를 결정하는 이유는?

페트병 크기가 클수록, 빨대 길이가 길수록 낮은 소리가 나요. 반대로 페트병 크기가 작을수록, 빨대 길이가 짧을수록 높은 소리가 납니다. 페트병의 크기가 다르고 길이가 다른 빨대들이 있다면 음악도 연주할 수 있어요.

페트병을 트럼펫처럼 위아래로 움직여 보세요. 진동수가 달라져 소리가 달라집니다.

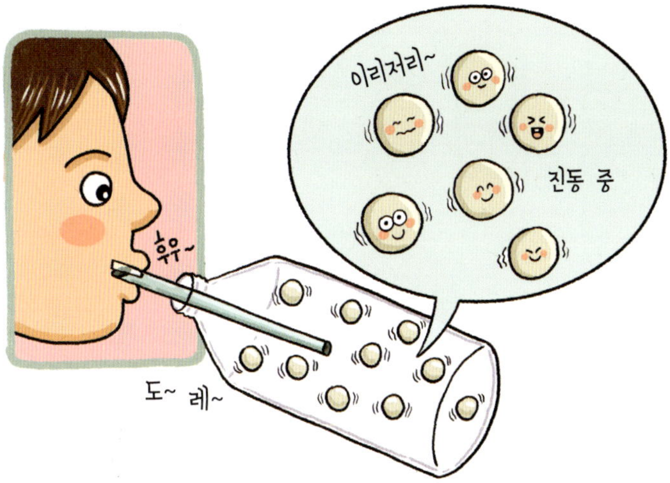

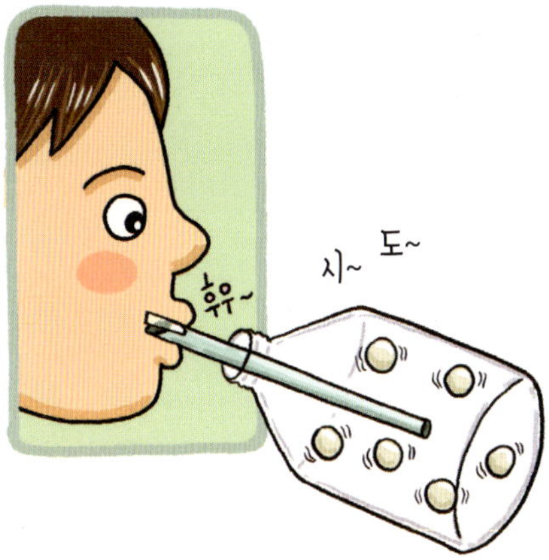

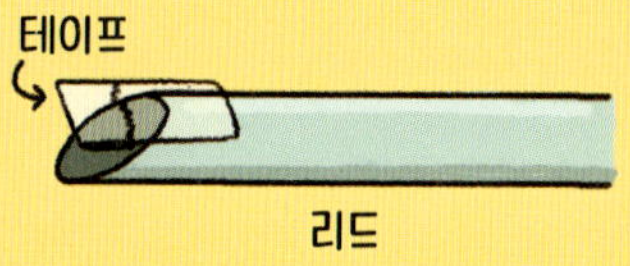

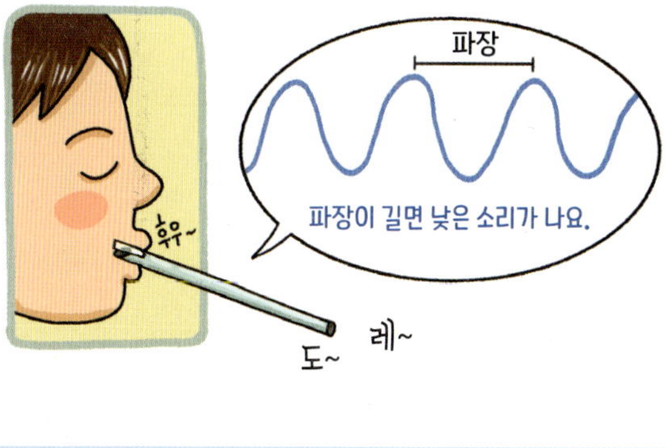

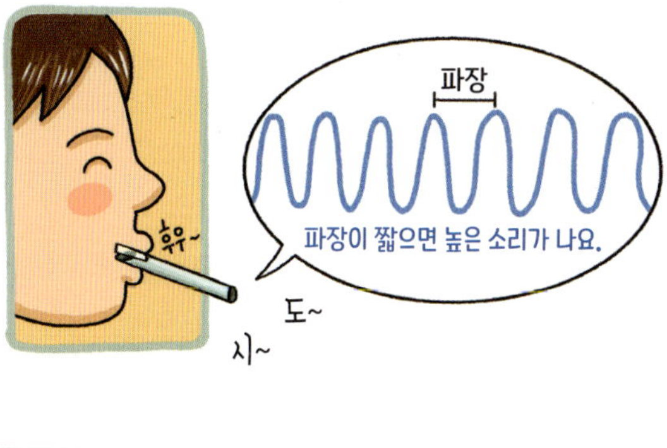

두근두근 실험 결과

1.5L짜리 페트병에서는 낮은 소리가 나고, 500mL짜리 페트병에서는 높은 소리가 나요. 긴 빨대 피리로 불면 낮은 소리가 나고, 짧은 빨대 피리로 불면 높은 소리가 납니다. 페트병의 크기와 빨대 피리 길이에 따라 소리가 달라집니다.

신기한 과학 이야기

보통 여자의 목소리가 남자의 목소리보다 높아요. 그 이유는 여자가 남자보다 성대가 얇고 짧기 때문이에요. 성대가 얇을수록, 길이가 짧을수록 진동수가 많아져 높은 소리가 나요.

소리의 높낮이 단위로는 Hz(헤르츠)를 사용해요. 사람이 들을 수 있는 진동수의 범위는 20~20,000Hz입니다. 20Hz 이하의 소리를 초저주파, 20,000Hz 이상의 소리를 초음파라고 합니다.

27 돌리면 색깔이 달라지는 CD 팽이

교과 단원
6학년 1학기 5단원 빛과 렌즈

핵심 개념
빛의 3원색, 색의 혼합, 회전 혼합

우리가 사물을 본다는 것은 빛이 사물에 부딪힌 후 반사되어 나오는 빛을 보는 것입니다. 그런데 팽이에 두 가지 이상의 색을 칠한 후 돌리면 빛이 합쳐져 새로운 색이 만들어져요! 직접 만든 팽이로 여러 색을 혼합하는 실험을 해 볼까요?

준비물
- 색팽이 그림 [부록]
- 안쓰는 CD
- 다 쓴 딱풀 통
- 가위
- 병뚜껑
- 구슬
- 투명 테이프
- 글루 건*

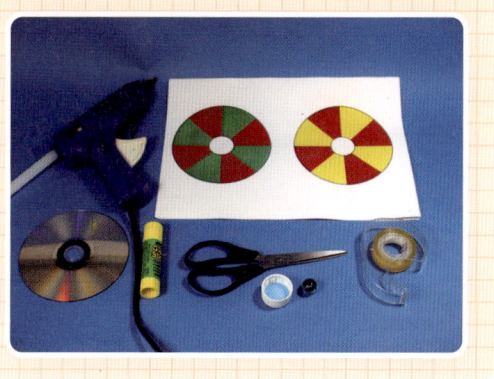

빛의 3원색을 알아봐요. 빛이 혼합되면 어떤 색을 만드는지도 알아봐요.

이렇게 실험해요

부록의 도안 ③을 활용하세요.

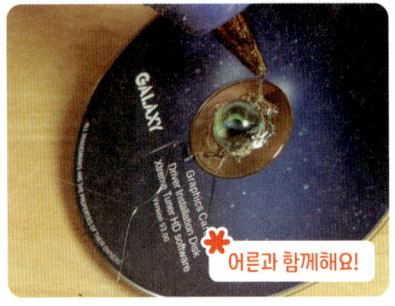

1 CD 가운데 구멍에 구슬을 꽂고 글루 건을 이용해 붙여요.

어른과 함께해요!

2 CD를 뒤집어 반대쪽 구멍에 딱풀 통을 대고 글루 건으로 붙여요.

3 색팽이 그림을 잘라요. 가운데 구멍에 딱풀 통을 끼울 거예요.

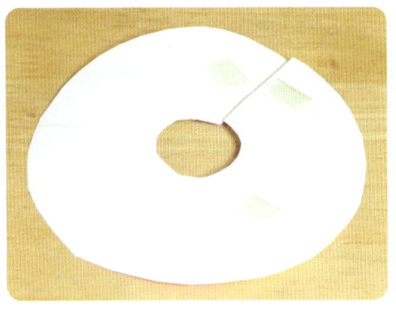

4 그림을 뒤집어 투명 테이프를 붙여요.

5 그림을 CD에 붙인 다음 손바닥으로 딱풀 통을 돌려요.

6 실내와 야외에서 돌려 보고 어떤 색이 나타나는지 비교해 보세요.

건빵박사의 개념 정리

- **빛의 3원색**: 빨강, 초록, 파랑의 세 가지 빛. 이 빛을 모두 혼합하면 흰색이 됩니다. 3원색을 겹쳐서 여러 가지 색을 만들 수 있어요.
- **색의 혼합**: 물감같이 섞을수록 어두워지는 감산 혼합, 빛과 같이 빨강, 초록, 파랑이 섞여 밝아지는 가산 혼합, 눈이 착시를 일으켜 섞인 듯이 보이는 중간 혼합이 있어요.
- **회전 혼합**: 몇 가지 색이 칠해진 색팽이나 바람개비 등을 빠른 속도로 돌릴 때, 칠해진 색들이 혼합되어 보이는 현상.

잠깐!

- 팽이를 오래 돌게 하려면 마찰력이 작은 바닥에서 돌려야 합니다.
- 손바닥으로 딱풀 통을 돌릴 때 적당히 힘을 줘요. 그래야 딱풀 통이 잘 돌아가요.
- 글루 건이 없다면 노란색 고무줄로 딱풀 통을 둘러 고정해도 돼요.

과학 원리가 쏙쏙!

CD 팽이를 돌리면 왜 색깔이 달라질까?

세상에는 알록달록 예쁜 색들이 많이 있어요. 우리가 예쁜 색들을 볼 수 있는 이유는 빛의 성질 때문입니다. 특정한 색은 반사하고 나머지 색은 흡수하기 때문에 물체의 색을 구분할 수 있는 것이지요.

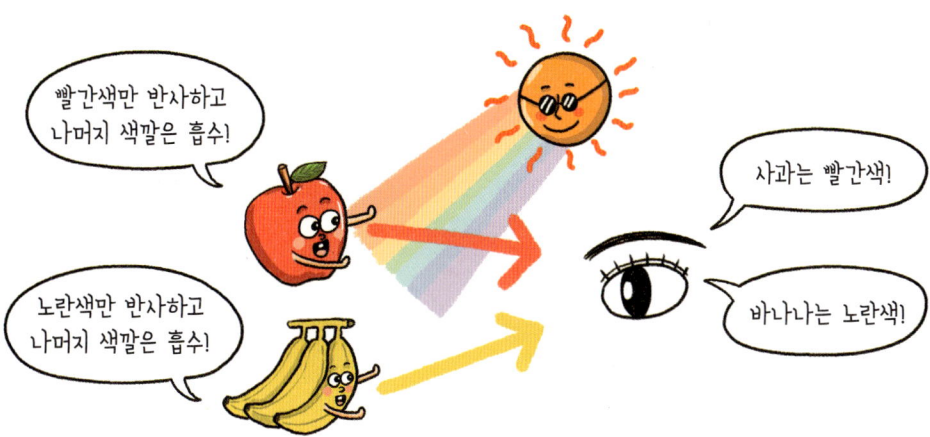

해가 떠 있는 야외에서 CD 팽이를 빠르게 돌리면 흰색으로 보여요. 여러 가지 빛이 혼합되어 흰색으로 보이는 거예요.

비가 그치고 하늘이 개면 무지개가 뜹니다. 물방울에 의해 빛이 분산된 거예요. 이를 통해 빛이 여러 가지 색으로 이루어져 있음을 알 수 있어요.

두근두근 실험 결과

CD 팽이를 실내에서 돌리면 회색으로 보일 거예요. 팽이에 스마트폰 플래시 등 강한 빛을 비춰 보세요. 흰색으로 보일 거예요. 해가 쨍쨍한 날에 밖에 나가서 팽이를 돌려 보세요.

더 알아봐요!

팽이는 운동 상태를 계속 유지하려는 성질인 관성에 의해 운동을 해요. 하지만 공기의 저항과 바닥과의 마찰 때문에 언젠간 멈출 거예요. 이처럼 회전하고 있는 물체는 외부에서 힘을 가하지 않으면 회전 운동을 계속하려고 하는 성질이 있어요. 이를 회전 관성이라고 합니다.

28 대롱대롱 매달려 춤추는 자석 거미

교과 단원
3학년 1학기 4단원 자석의 이용

핵심 개념
자기력, 자석, 자성

한 번만 건드리면 거미가 계속 춤을 춰요! 자석의 힘 덕분이에요. 자석은 같은 극끼리 서로 밀어내고, 다른 극끼리 서로 잡아당기는 성질이 있어요. 이러한 성질을 이용해 자석 위에서 춤추는 거미를 만들어 봐요!

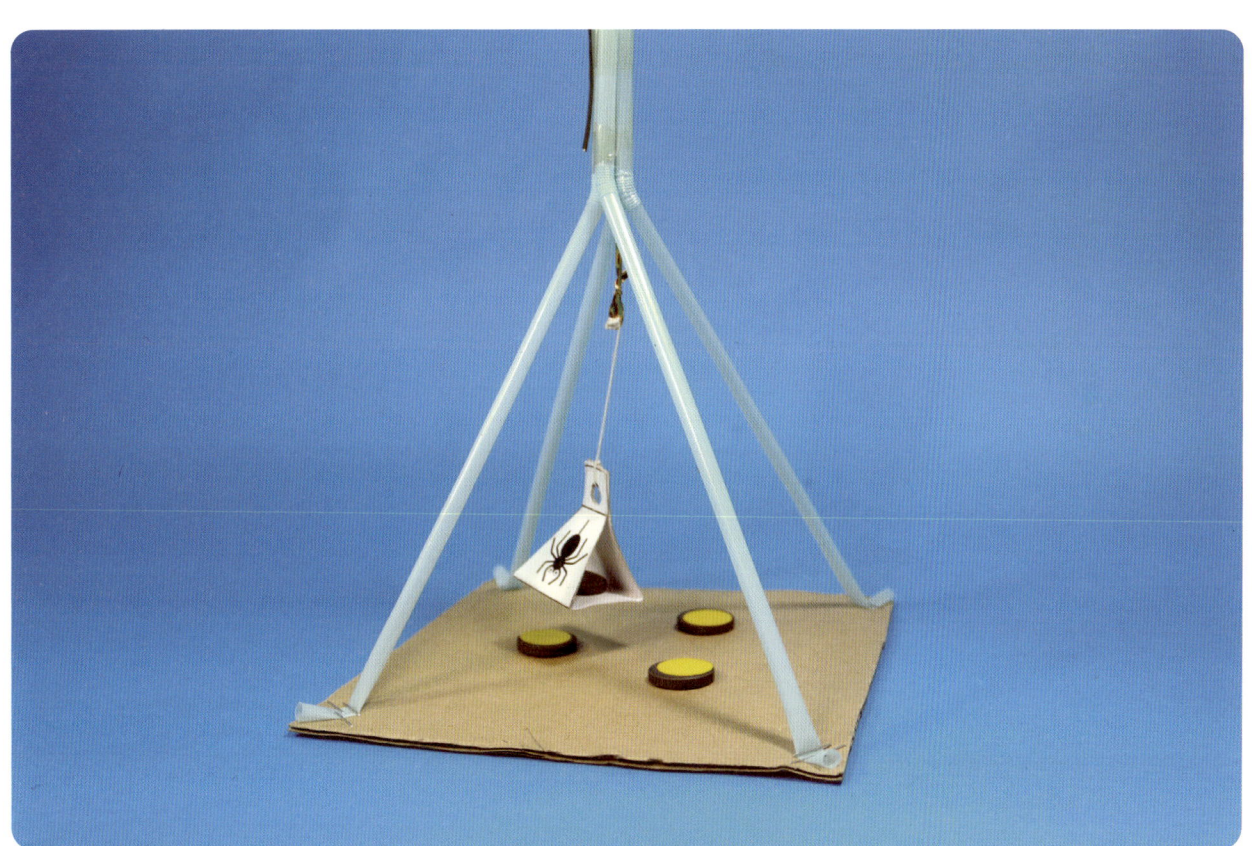

준비물
- 자석 4개
- 빨대 4개
- 상자 판
- 거미 그림
- 가위, 풀, 실, 빵 끈
- 양면테이프
- 스테이플러

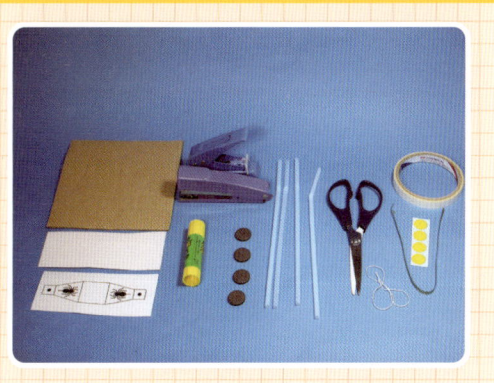

자석끼리 왜 밀어내고 끌어당기는지 알아봐요.

127

이렇게 실험해요

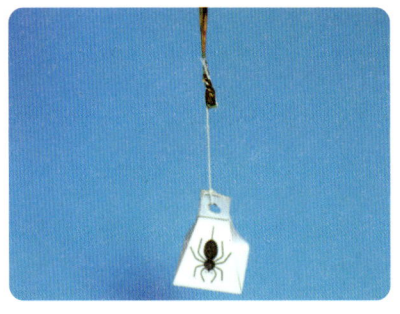

1 거미 그림 위에 구멍을 낸 다음, 실과 빵 끈으로 연결해요.

2 상자 판 모서리에 스테이플러로 빨대를 고정해요.

3 각 모서리에 고정한 빨대 4개를 가운데로 모아요. 사이에 빵 끈을 낀 다음 테이프로 붙여요.

4 자석은 같은 극에 스티커를 붙여요. 스티커를 붙인 면이 위쪽을 향하게 둬요.

5 거미 속 자석의 스티커는 아래쪽으로 두어 같은 극이 서로 마주 보게 해요.

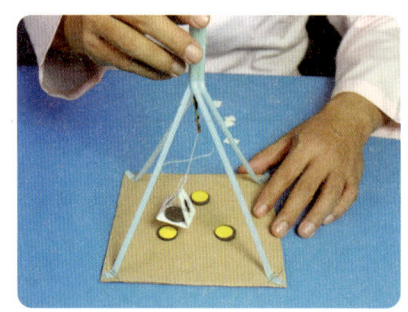

6 거미가 이리저리 잘 흔들리도록 바닥에 있는 자석 위치를 조정해요. 거미를 흔들어 봐요.

건빵박사의 개념 정리

- **자기력**: 자석과 자석 사이 또는 자석과 쇠붙이 사이에 작용하는 힘. 쇠붙이에 자석을 가까이 대면 쇠붙이가 자석에 붙어요.
- **자석**: 철과 같은 쇠붙이를 끌어당기는 자성을 지닌 물체. 자연에서 발견되는 자철석이라는 광물로 만든 자석을 천연 자석이라 해요. 인공적으로 만들기도 합니다.
- **자성**: 자기를 띤 물체가 가지는 여러 가지 성질. 자석을 두 개로 잘라도 각각 자석의 성질을 유지해요.

잠깐!

- 거미 속 자석만 뒤집어서 다시 움직여 봐요. 서로 다른 극이 마주 보면 어떻게 되는지 관찰해 보세요.
- 빵 끈이 있어야 거미가 자석 위를 적당히 움직여요.

거미가 계속 춤추는 이유는?

자석에는 N극과 S극이 있어요. 같은 N극이나 S극끼리는 밀어내지만 N극과 S극은 서로 달라붙지요. 같은 극끼리 밀어내는 힘을 '척력', 다른 극끼리 끌어당기는 힘을 '인력'이라고 합니다.

장난감 거미가 움직이는 건 같은 극끼리 밀어내는 힘인 척력 때문입니다. 또 운동 상태를 유지하려는 성질인 관성 때문에 더 오래 움직입니다.

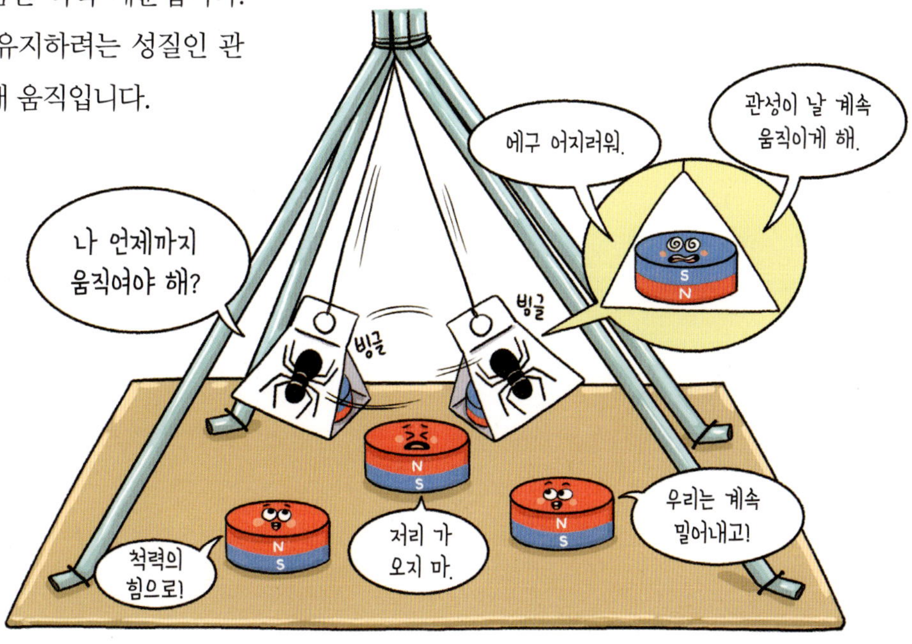

두근두근 실험 결과

실에 매달린 거미를 살짝 건들면 거미가 이리저리 춤을 춰요. 한 번 움직인 거미는 자석들 위를 돌면서 움직여요. 같은 극의 자석끼리 서로 밀어내는 힘인 척력 때문이에요.

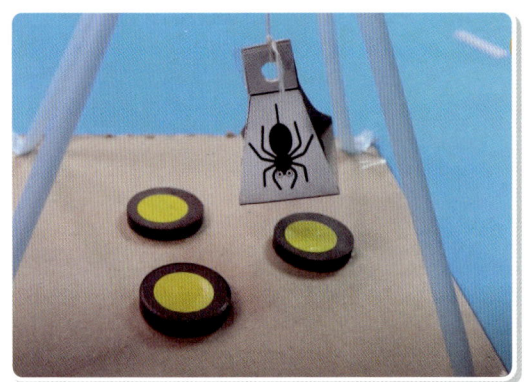

신기한 과학 이야기

막대 자석(영구 자석)과 다르게 전류가 흐를 때만 자석의 성질을 띠는 물질이 있어요. 바로 전기로 만든 자석인 '전자석'이에요. 생활 속에는 이 전자석을 활용해 만든 물건들이 많아요.

선풍기 날개를 돌아가게 하는 모터, 음악을 크게 들려 주는 스피커, 열차를 공중에 띄우는 자기 부상 열차까지 다양하게 쓰이고 있답니다.

29 초간단! 나무젓가락 투석기 만들기

교과 단원
4학년 1학기 4단원 물체의 무게

핵심 개념
지레, 탄성력

옛날에 전쟁이 일어나면 성벽을 허물거나 성의 문을 부수기 위해 투석기를 사용했습니다. 지레의 원리만 알면 투석기를 쉽게 만들 수 있어요. 나무젓가락과 고무줄로 간단하게 만들어 봐요!

준비물

- ✓ 나무젓가락
- ✓ 고무줄
- ✓ 그릇
- ✓ 알루미늄 포일
- ✓ 가위
- ✓ 양면테이프
- ✓ 투명 테이프
- ✓ 페트병 뚜껑

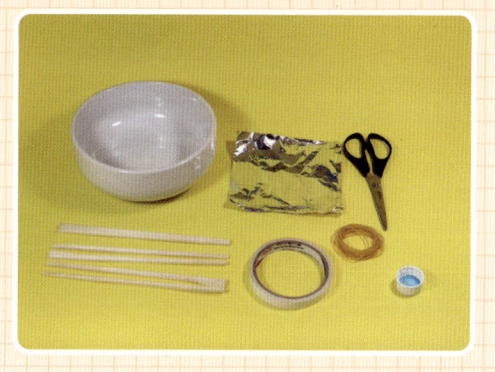

적은 힘으로도 무거운 것을 들 수 있는 지레의 원리를 배워 봐요.

이렇게 실험해요

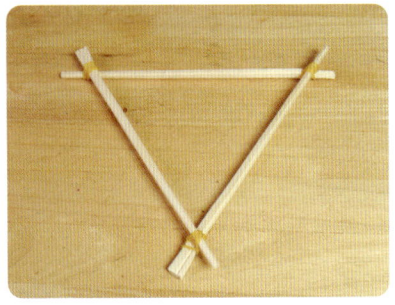

1 나무젓가락 3개를 사진처럼 고무줄로 묶어요.

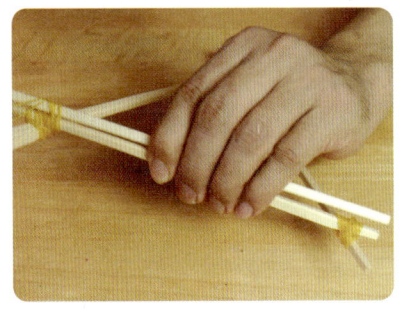

2 나무젓가락 1개 위에 나무젓가락 1개를 더 올려 고무줄로 묶어요.

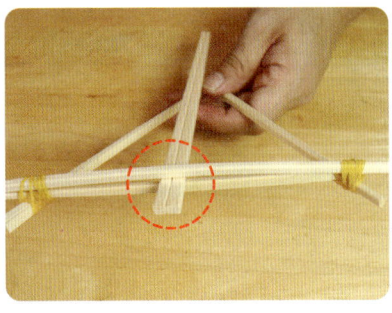

3 2개 묶은 나무젓가락 사이를 벌려 새 나무젓가락을 넣어요. 새 나무젓가락도 고무줄로 고정해요.

4 양면테이프로 뚜껑을 나무젓가락에 붙이면 투석기 완성!

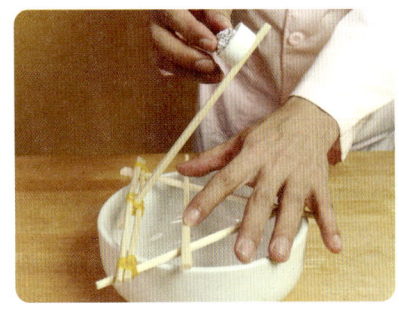

5 알루미늄 포일을 둥글게 말아 포탄을 만들어요! 투석기를 그릇 위에 놓고 발사해요.

건빵박사의 개념 정리

- **지레** : 막대 등을 사용해 적은 힘으로 무거운 물체를 움직일 수 있는 도구. 지레에는 작용점, 힘점, 받침점이 있어요.
- **탄성력** : 탄성체에 힘을 주었다가 없앨 때 원래 모양이나 상태로 되돌아가려는 힘.

잠깐!

- 3번 과정에서 끼운 긴 나무젓가락 대신 반으로 자른 나무젓가락을 붙여 실험해 보세요. 어느 것이 포탄을 더 멀리 보냈나요?
- 친구들과 누가 더 멀리 날리는지 내기해 보세요.

더 멀리 날아가는 투석기의 비밀은?

페트병 뚜껑이 있는 부분을 '작용점'이라 하고 나무젓가락 사이에 나무젓가락을 끼운 부분을 '받침점', 받침점의 반대편 끝부분을 '힘점'이라 합니다. 받침점과 힘점 사이가 멀수록 적은 힘이 드는 지레의 법칙을 볼 수 있는 실험이에요.

장난감 포탄을 멀리 날아가게 하려면 받침점에서 멀리 떨어진 지점에 포탄을 놓고 발사하면 됩니다. 반으로 자른 나무젓가락에 뚜껑을 붙여 비교해 봐요. 받침점과 힘점 사이의 거리가 멀수록 포탄을 더 멀리 보낼 수 있어요. 힘도 적게 들지요.

두근두근 실험 결과

나무젓가락을 당겼다가 놓으면 알루미늄 포탄이 날아가요. 나무젓가락에 묶은 고무줄에는 원래 위치로 돌아오려는 힘인 탄성력이 있어서 포탄을 멀리 날릴 수 있답니다.

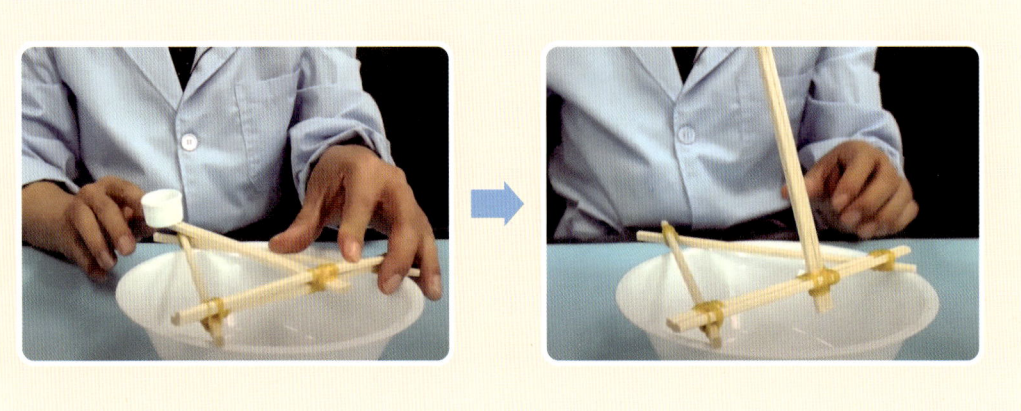

신기한 과학 이야기

고무줄이 아닌 실로 만든다면 발사 놀이를 할 수 없을 거예요. 실에는 탄성력이 없기 때문이지요. 고무줄에 탄성력이 있기 때문에 재밌게 놀 수 있어요. 재밌게 뛰어놀 수 있는 트램펄린도 탄성력이 있기 때문에 그 위에서 아무리 뛰어도 무릎이나 허리에 큰 충격이 가지 않는 것입니다. 땅에서 뛰는 모습과 트램펄린에서 뛰는 모습을 비교해 보세요.

30 빙글빙글 돌아가는 풍선 물레방아

교과 단원
3학년 2학기 4단원 물질의 상태

핵심 개념
공기의 흐름, 기압, 베르누이의 정리

물레방아는 아래로 떨어지는 물의 힘으로 돌아가요. 이번 실험에서 만들 풍선 물레방아는 물이 아닌 바람을 이용해서 풍선을 돌립니다. 드라이어에서 나오는 바람이 어떤 힘으로 풍선을 돌리는지 알아볼까요?

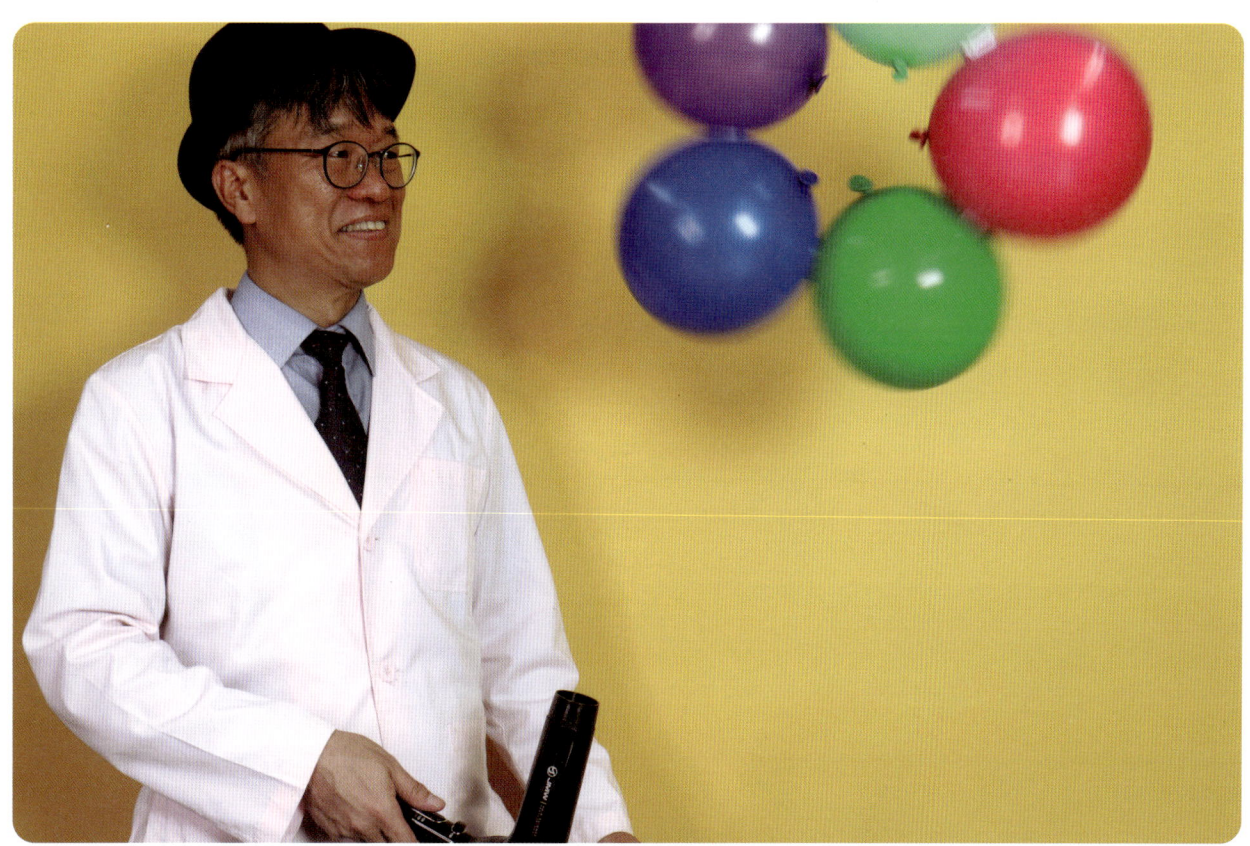

준비물
- ✓ 풍선
- ✓ 드라이어
- ✓ 가위
- ✓ 풍선 펌프
- ✓ 양면테이프

공기의 흐름을 이해할 수 있어요.

이렇게 실험해요

1 풍선 양쪽에 양면테이프를 붙여요.

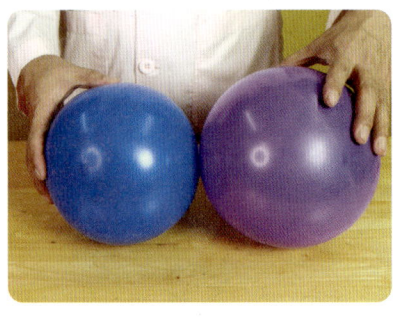

2 풍선과 풍선을 붙여요.

3 풍선 여러 개를 붙여 풍선 물레방아를 만들어요.

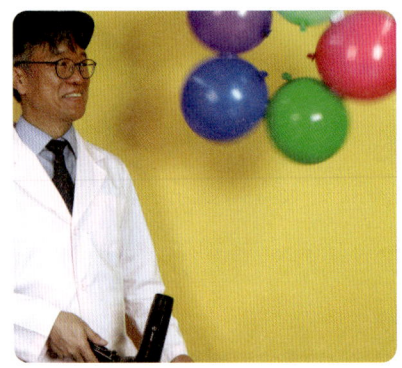

4 풍선 물레방아 아래에 드라이어를 두고 바람을 켜요.

건빵박사의 개념 정리

- **공기의 흐름** : 대기의 온도나 기압 차이에 의한 공기의 흐름. 공기는 고기압에서 저기압 방향으로 이동하는데, 기압 차이가 클수록 바람의 세기가 커져요.
- **기압** : 공기가 누르는 힘. 기압 또는 대기압이라 합니다. 높은 곳일수록 기압이 낮아요.
- **베르누이의 정리** : 유체(흐를 수 있는 기체나 액체)가 빠르게 흐르면 압력이 감소하고 느리게 흐르면 압력이 증가하는 법칙.

잠깐!

- 풍선은 비슷한 크기로 불어 주세요.
- 바람의 세기가 세면 풍선 개수를 늘려도 됩니다.

풍선 물레방아를 움직이는 힘은?

드라이어에서 나오는 공기가 풍선을 타고 흘러요. 풍선 주변에 있는 공기보다 속도가 빠르지요. 속도가 빠른 곳은 저기압, 속도가 느린 쪽은 고기압이 됩니다.

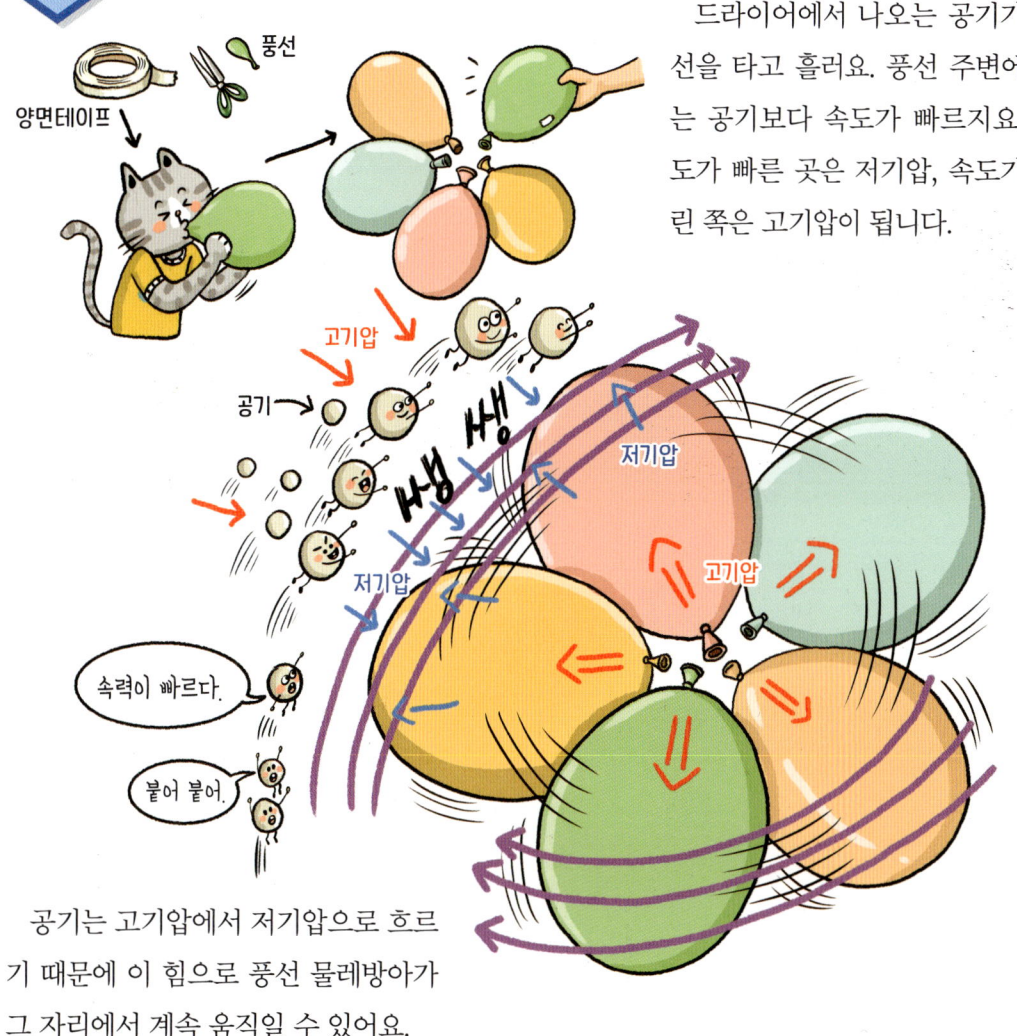

공기는 고기압에서 저기압으로 흐르기 때문에 이 힘으로 풍선 물레방아가 그 자리에서 계속 움직일 수 있어요.

풍선 물레방아가 하늘 높이 올라가지 못하는 이유는 중력 때문이에요.

실험 결과

드라이어로 움직이게 만든 풍선 물레방아는 빙글빙글 돌면서 공중에 계속 떠 있어요. 드라이어 바람을 세게 할수록 풍선 물레방아는 빠르게 돌아요.

풍선의 개수를 늘려 보세요. 대신 더 강한 바람이 필요합니다.

작은 공도 바람으로 공중에 떠 있게 할 수 있어요.

신기한 과학 이야기

비행기가 위로 떠오르는 모습에서 베르누이의 정리를 확인할 수 있어요. 비행기의 날개를 보면 위쪽이 볼록해서 공기 흐름이 빠르고 압력이 작아요. 날개의 아래쪽은 직선으로 되어 있어 공기 흐름이 느리고 압력이 크지요. 공기는 고기압에서 저기압으로 움직이려고 해서 그 힘(양력)으로 비행기가 떠오를 수 있답니다. (105쪽 참고)

4장 소리를 볼 수 있다고요?

보이지 않는 힘이 나타나는 실험

소리는 귀로 듣지만 과학 실험을 통해 눈으로 보거나 몸으로 느낄 수도 있어요. 과학자는 증명하는 것을 좋아해요. 실험으로 눈에 보이지 않는 중력이나 부력 같은 힘을 확인할 수 있지요. 과학자가 되어 봐요!

미리 보는 과학 개념 톡톡!

농도, 무게 중심, 중력, 진동

• 농도
생과일주스는 물보다 달고, 된장찌개는 물보다 짜요. 이처럼 용액(여러 물질이 섞인 액체)이 얼마나 진하고 묽은지 그 정도를 수치로 나타낸 것을 '농도'라고 해요. 액체나 기체에 들어 있는 성분의 양을 말해요.

• 무게 중심
산이나 절에서 돌탑을 본 적 있지요? 돌탑을 쌓을 때는 돌의 무게 중심을 잘 맞춰 쌓아야 안정적으로 높게 쌓을 수 있어요. 이때 '무게 중심'은 물체가 균형을 이루는 지점이자 물체가 지닌 무게의 중심점을 말해요. 무게 중심에 물체를 놓아야 기울지 않아요.

• 중력
손에 든 사과를 놓으면 바닥으로 떨어져요. 즉 지구의 중심, 아래쪽으로 떨어져요. 이는 물체와 지구 사이에 작용하는 힘인 중력 때문이에요. 지구에도 중력이 있고, 사과에도 중력이 있어요. 하지만 사과보다 질량이 더 큰 지구가 더 많이 당기기 때문에 사과가 지구 중심으로 떨어지는 것처럼 보입니다.

• 진동
그네가 앞뒤로 흔들리고, 시계추가 좌우로 흔들리듯이 물체가 같은 시간 간격으로 앞뒤로 흔들리거나 움직이는 일이 반복되는 상태를 '진동'이라고 해요. '진동수'는 진동하는 물체가 1초 동안 진동하는 횟수를 말해요. 파장에서의 진동수는 주파수라고도 하지요. 단위로 Hz(헤르츠)를 씁니다.

31 소리를 볼 수 있다고요?

교과 단원
3학년 2학기 5단원 소리의 성질

핵심 개념
매질, 음파, 진동

귀로 듣는 소리를 눈으로 볼 수 있을까요? 소리는 물체가 진동을 하면 그에 따라 움직이는 공기의 진동이 귀에 전달되는 것이랍니다. 그릇에 랩을 씌운 다음 쌀을 올려놓고 소리를 내 보세요. 목소리의 진동이 전달되어 쌀이 춤을 춥니다.

준비물
- ✓ 쌀
- ✓ 랩
- ✓ 그릇
- ✓ 투명 테이프

소리가 무엇을 통해 전달되는지 알 수 있어요.

이렇게 실험해요

1 그릇을 랩으로 팽팽하게 감싸요.

2 랩이 더 팽팽하도록 당겨요. 아래에 투명 테이프를 붙여 고정해요.

3 랩 위에 쌀을 올려놓고 소리를 내 봐요.

건빵박사의 개념 정리

- **매질** : 파동에 의한 진동을 다른 곳으로 전달해 주는 물질. 소리는 매질인 공기를 통해 전달돼요.
- **음파** : 물체의 진동이 물이나 공기 같은 매질을 통해 고막까지 진동시키는 파동.
- **진동** : 물체가 같은 시간 간격으로 앞뒤로 흔들리거나 움직이는 일이 반복되는 상태.

잠깐!

- 그릇에 랩을 최대한 평평하고 팽팽하게 씌워요.
- 그릇을 스피커 앞에 두고 음악 소리를 크게 틀어 봐요.

공기는 소리를 어떻게 전달할까?

소리는 물질이 떨면 납니다. 떨림을 다른 말로 진동이라고 해요. 소리가 우리 귀에 들리기까지 전달해 주는 물질을 매질이라고 하는데, 매질에는 물이나 공기 등이 있어요. 공기가 진동하면 귀 고막이 진동하고 고막의 진동이 뇌로 전달되면 소리가 들리는 것입니다.

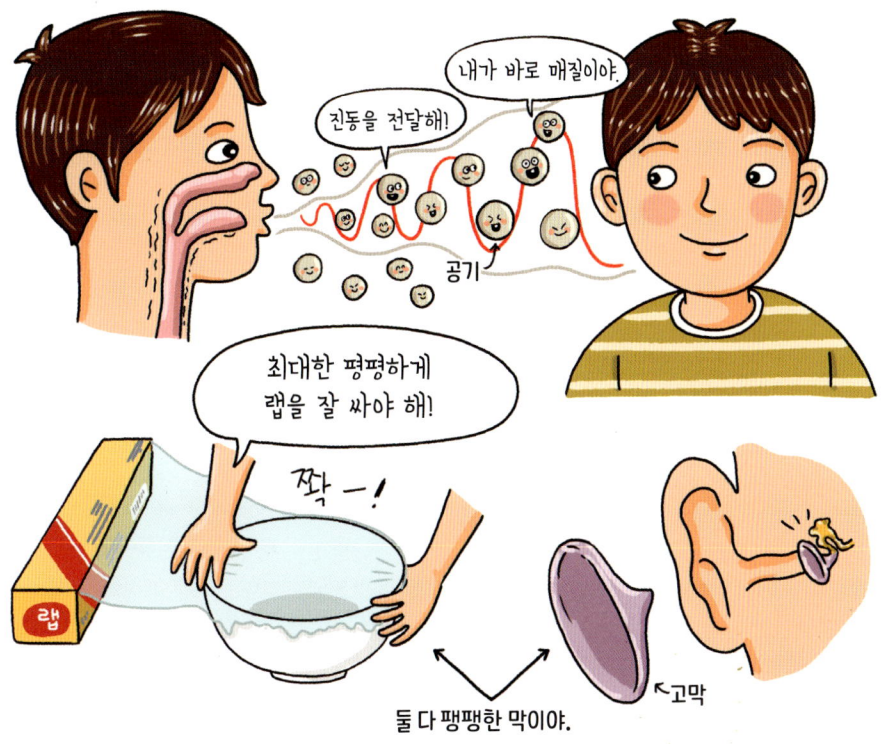

소리를 내면 목에 있는 성대가 진동해요. 이 진동은 공기라는 매질에 의해 랩에 전달돼요. 랩이 진동하면 쌀이 떨면서 춤추듯이 보이지요.

실험 결과

랩 위에 있는 쌀 가까이에 입을 대고 소리를 내면 쌀이 춤을 추듯 튀어 오릅니다. 소리를 작게 내면 쌀이 조금씩 움직이고, 소리를 크게 내면 쌀이 많이 움직입니다.

다르게 실험해 봐요!

컵에 물을 붓고 컵의 가장자리를 손끝으로 문질러 보세요. 소리가 들릴 거예요. 물을 적게 붓거나 많이 부었을 때 소리에 어떤 차이가 있는지 실험해 보세요.

신기한 과학 이야기

사람이 들을 수 있는 소리는 보통 20~20,000Hz 정도예요. Hz(헤르츠)는 소리의 진동수를 나타낸 단위로, 20,000Hz 이상의 소리를 초음파라고 합니다.

동물 중에 초음파로 의사소통을 하는 동물이 있습니다. 박쥐, 돌고래, 코끼리가 있지요. 박쥐와 돌고래는 초음파를 내보내고 반사되어 되돌아오는 것을 감지해 물체의 위치를 알아냅니다. 반대로 코끼리는 20Hz 이하의 낮은 소리로 짝을 찾고 정보를 주고받아요. 낮은 주파수의 소리는 높은 주파수의 소리보다 훨씬 멀리까지 전달돼요.

32 춤추는 포일 구슬

교과 단원
6학년 2학기 1단원 전기의 이용 심화

핵심 개념
전자, 정전기, 정전기 유도

포일 구슬이 줄에 매달려 춤을 춰요. 풍선이 가까이 가면 포일 구슬이 붙고, 풍선이 멀어지면 떨어져요. 신기하지요? 포일 구슬을 움직이는 힘이 무엇일지 알아볼까요?

준비물
- 풍선, 풍선 펌프
- 알루미늄 포일
- 무거운 병
- 테이프
- 나무젓가락
- 목도리
- 실

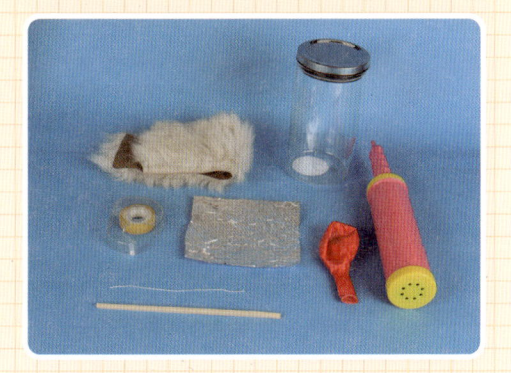

정전기가 어떻게 생기는지 알 수 있어요.

145

이렇게 실험해요

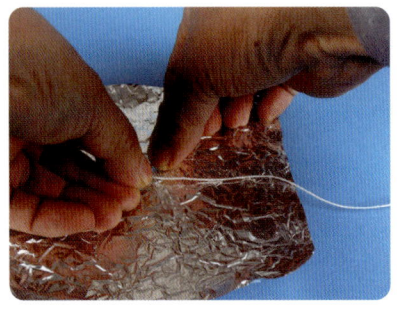

1 포일 위에 실을 얹은 다음 테이프로 붙여요.

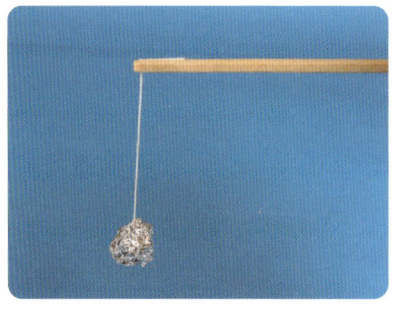

2 포일을 구슬처럼 동그랗게 만들어요. 그다음 나무젓가락 끝에 실을 붙여요.

3 포일 구슬이 땅에 닿지 않도록 나무젓가락을 병 위에 올려요.

4 풍선을 분 다음 풍선에 목도리를 문질러요.

5 포일 구슬에 풍선을 가까이 댔다가 멀리 떨어뜨려요.

건빵박사의 개념 정리

- **전자** : 원자의 구성 성분으로 원자핵 주위에서 일정한 궤도에 있는 작은 알갱이로 음전하를 띠어요.
- **정전기** : 물체를 서로 문지르면 전자가 이동하면서 물체가 전기를 띠게 됩니다. 이때 물체에 머물러 있는, 즉 정지되어 있는 전기를 '정전기'라고 합니다.
- **정전기 유도** : 대전체(전기를 띤 물체)를 물체에 가까이 하면 전자가 이동해서 대전체와 가까운 쪽은 다른 전하를 띠고 먼 쪽은 같은 전하를 띠는 현상을 말해요.

🔔 잠깐!

- 스티로폼 공으로도 실험해 보세요. 스티로폼 공도 풍선에 붙을 거예요.
- 풍선 대신 플라스틱 공이나 빗을 사용해도 됩니다.

포일 구슬이 춤을 추는 이유는?

물질은 원자로 이루어져 있고, 원자는 원자핵과 전자들로 이루어져 있어요. 원자들은 중성을 띠고 있습니다. 이때 풍선을 머리에 문질러 마찰을 하면 전자들이 풍선 쪽으로 이동해 풍선이 음전하를 띠게 됩니다.

같은 전하를 띠는 물질끼리 멀어지려고 하고 다른 전하를 띠는 물질끼리는 붙으려고 해요. 이 성질 때문에 음전하를 띠고 있는 풍선이 양전하를 띠고 있는 포일 구슬을 끌어당깁니다.

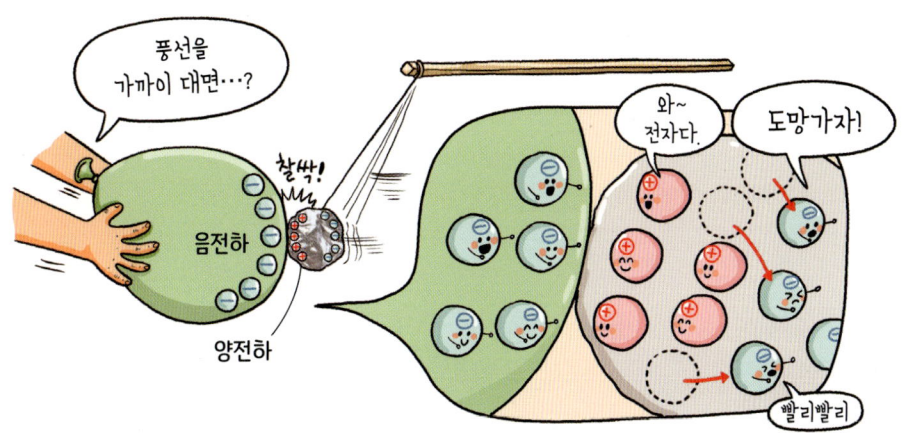

 **두근두근 실험 결과**

풍선을 가까이 대면 포일 구슬이 풍선에 붙어요. 풍선을 멀리 떨어뜨리면 포일 구슬이 떨어집니다. 포일 구슬이 잘 움직이지 않는다면 풍선에 목도리를 다시 문질러요.

풍선과 포일 구슬은 서로 끌어당겼다가 다시 멀어지는 것을 반복해요. 풍선의 전자들이 포일 구슬로 이동해 포일 구슬이 음전하 상태가 되면서 같은 음전하 상태를 띠는 풍선과 포일 구슬이 서로를 밀어내기 때문이에요.

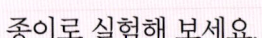 **다르게 실험해 봐요!**

정전기를 띠고 있는 풍선을 종이에 가져다 대 보세요.
　알루미늄 포일이 아닌 종이도 움직일까요?
종이로 실험해 보세요.

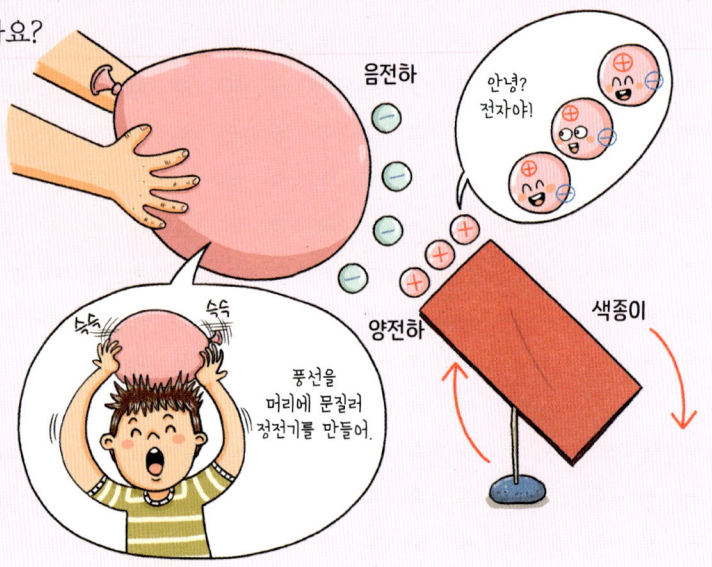

 **신기한 과학 이야기**

플라스틱 빗으로 머리를 빗을 때, 겨울에 목도리를 벗을 때 찌릿! 하고 정전기가 일어나곤 해요. 머리카락에 있던 전자들이 빗이나 목도리로 움직이는데, 전자들이 이동하면 머리카락과 빗이 다른 전하를 띠게 되어 서로 달라붙는 원리이지요. 이 원리를 활용한 생활용품으로는 먼지를 잡는 공기 청정기, 토너를 달라붙게 만드는 복사기, 먼지떨이 등이 있답니다.

33. 초콜릿으로 무지개를 만들어요

교과 단원
5학년 1학기 4단원 용해와 용액

핵심 개념
농도, 색소, 확산

초콜릿으로 무지개를 만들 수 있어요! 바로 '확산'이라는 현상 덕분이에요. 부엌에서 요리를 하면 집 안 가득 냄새가 퍼지는 원리와 같지요. 초콜릿으로 멋진 무지개를 만들어 볼까요?

준비물
- 색깔 있는 초콜릿
- 물
- 접시

초콜릿 색이 왜 퍼져 나가는지 알아봐요.

이렇게 실험해요

1 접시 가장자리에 초콜릿을 줄지어 놓아요.

2 초콜릿이 절반 정도 잠길 만큼 물을 부어요.

3 초콜릿의 색소가 퍼질 때까지 기다려요.

4 색소가 어떻게 퍼져 나가는지 관찰해 보세요.

건빵박사의 개념 정리

- **농도** : 용액이 얼마나 진하고 묽은지를 나타낸 정도. 액체나 기체에 들어 있는 성분의 양을 말해요.
- **색소** : 물체에 색깔이 나타나도록 만들어 주는 물질.
- **확산** : 농도가 다른 물질이 만났을 때 농도가 높은 쪽에서 낮은 쪽으로 분자가 이동해 시간이 지나면서 같은 농도가 되는 현상.

잠깐!

- 접시는 평평한 접시로 준비해요.
- 초콜릿을 다른 모양으로 두어 멋진 미술 작품을 만들어 보세요.

색소는 어떤 원리로 움직일까?

초콜릿 속 색소가 물에 녹으면서 접시 가운데로 퍼져 나가요. 분자는 농도가 높은 쪽에서 낮은 쪽으로 이동해요. 따라서 색소는 설탕이 녹아 농도가 높은 접시 가장자리에서 농도가 낮은 가운데로 이동합니다. 이것이 '확산 현상'이에요.

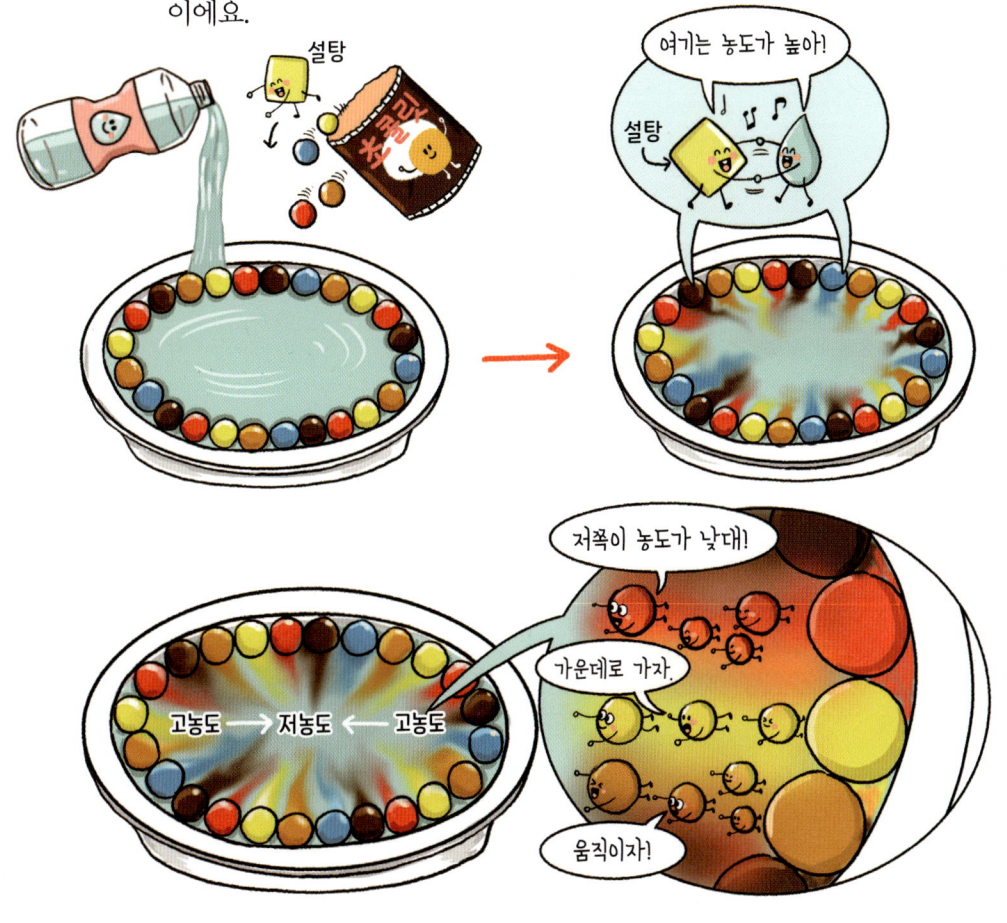

초콜릿에는 설탕과 식용 색소가 포함되어 있습니다. 설탕과 식용 색소 모두 물에 녹기 때문에 멋진 작품을 만들 수 있어요.

실험 결과

접시 가장자리에 놓인 초콜릿이 물에 녹으면 서서히 접시의 가운데 쪽으로 색소가 퍼져요. 이때 색소는 섞이지 않고 접시의 가운데로 모인답니다.

다르게 실험해 봐요!

물감으로 확산 현상을 더 쉽게 볼 수 있어요. 투명한 유리컵에 물을 채운 뒤 물감을 몇 방울 떨어뜨려 보세요. 물감은 서서히 컵 전체로 퍼진답니다.

 신기한 과학 이야기

날이 화창하다가 갑자기 먹구름이 많아져 비가 내릴 때 공기가 습해진 것을 느낄 수 있어요. 이처럼 공기에 물 분자가 많아져 습해지는 것도 확산이에요. 화장품 가게에서 좋은 향이 나는 것도 냄새 분자가 퍼지는 확산 현상 때문이지요.

34 고무줄을 쪼면서 내려오는 딱따구리

교과 단원
4학년 1학기 4단원 물체의 무게

핵심 개념
마찰력, 진동, 탄성력

딱따구리가 고무줄을 타고 내려옵니다. 나무를 쪼듯이 고무줄을 콕콕 찍으면서 내려오네요! 딱따구리가 이렇게 움직이는 비밀은 바로 고무줄에 있어요. 고무줄의 탄성력과 마찰력을 실험으로 관찰해 봐요!

준비물
- 고무줄
- 빨대
- 딱따구리 그림 [부록]
- 가위
- 투명 테이프

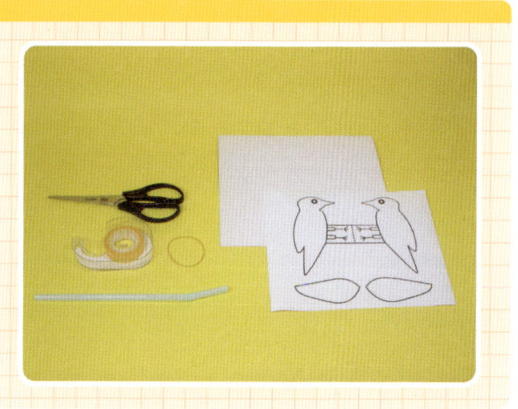

탄성력과 마찰력을 이해할 수 있어요.

이렇게 실험해요

부록의 도안 ⑤을 활용하세요.

1 딱따구리 그림을 가위로 잘 오려요.

2 딱따구리 그림을 뒤집어 가운데에 투명 테이프로 빨대를 붙여요.

3 딱따구리를 마주 보게 붙인 다음 빨대 안에 자른 고무줄을 넣어요.

4 고무줄 양 끝을 잡고 위아래로 당겼다가 놓아요. 딱따구리가 어떻게 움직이나요?

건빵박사의 개념 정리

- **마찰력 :** 두 물체가 접촉하는 면에서 물체의 운동 방향에 반대로 작용해 물체의 운동을 방해하는 힘. 접촉면의 거칠기가 강하고 물체의 무게가 커질수록 마찰력이 커져요.
- **진동 :** 물체가 같은 시간 간격으로 앞뒤로 흔들리거나 움직이는 일이 반복되는 상태.
- **탄성력 :** 탄성체에 힘을 주었다가 없앨 때 원래 모양이나 상태로 되돌아가려는 힘.

잠깐!

- 빨대 굵기는 5mm 정도가 적당해요. 얇거나 굵은 빨대는 딱따구리가 그냥 흘러내리고 말 거예요.
- 딱따구리를 색칠한 다음 누가 누가 더 오래 딱따구리를 고무줄 위에 둘 수 있는지 친구들과 내기해 보세요.

딱따구리는 왜 멈출까?

고무줄 양 끝을 당기면 장난감 딱따구리가 내려갑니다. 중력이 딱따구리를 아래에서 잡아당기기 때문이지요.

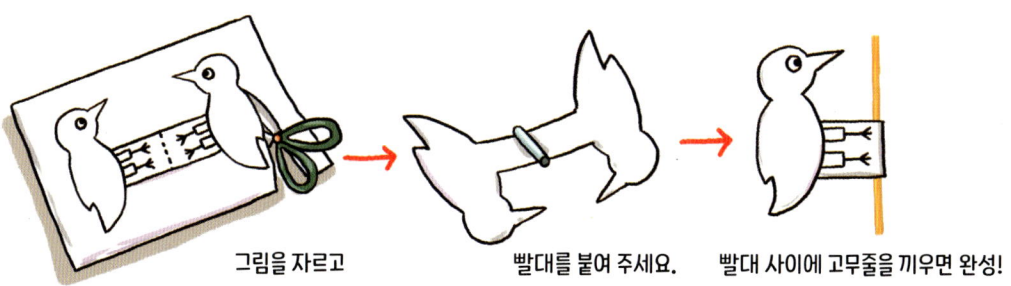

그림을 자르고 빨대를 붙여 주세요. 빨대 사이에 고무줄을 끼우면 완성!

고무줄을 당기지 않으면 아래로 내려오던 딱따구리가 고무줄과의 마찰력 때문에 잠시 멈춰요. 이때 딱따구리는 고무줄의 탄성력 때문에 부르르 떨게 됩니다.

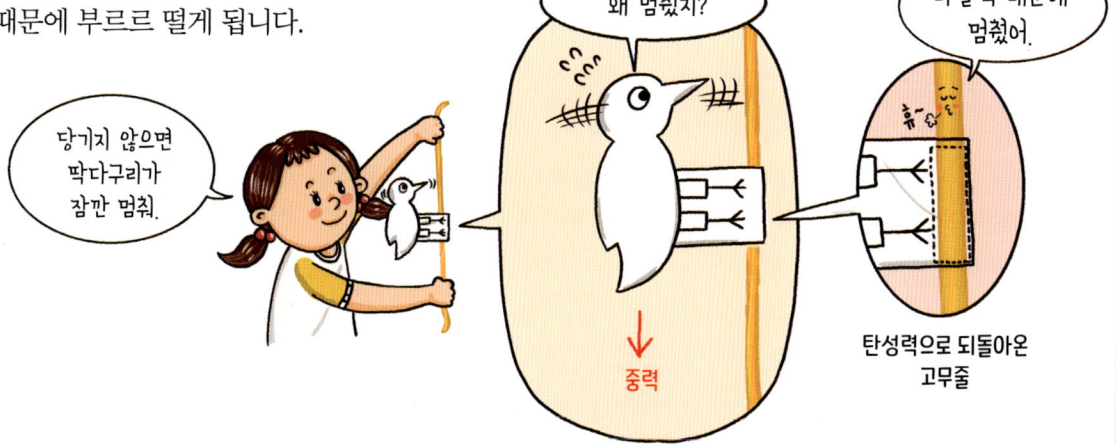

두근두근 실험 결과

고무줄을 당기면 딱따구리는 부리로 고무줄을 쪼면서 조금씩 내려와요. 딱따구리는 지구 중심에서 물체를 당기는 중력 때문에 아래쪽으로 내려옵니다.

그런데 고무줄을 당기지 않으면 딱따구리가 내려오다가 운동을 방해하는 힘인 마찰력 때문에 잠시 멈춥니다. 이때 고무줄이 다시 원래 상태로 돌아가려는 힘인 탄성력 때문에 딱따구리가 부르르 떨게 됩니다.

다르게 실험해 봐요!

고무줄과 클립으로 실험해 봐요. 고무줄 한쪽을 위로 쭈욱 당기면 클립이 조금씩 올라가요. 고무줄의 마찰력과 탄성력 때문에 클립이 올라갑니다.

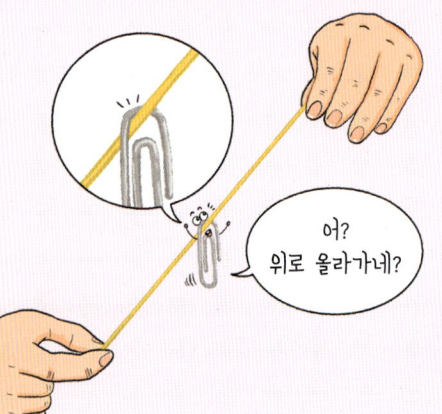

실험 영상 확인하러 가기

35 소금물로 만드는 달걀 도레미

교과 단원
5학년 1학기 4단원 용해와 용액

핵심 개념
농도, 밀도, 부력, 용액

사해라는 바다에서는 사람도 물 위에 둥둥 떠요. 다른 바다보다 소금의 농도가 5배 정도 높기 때문이에요. 같은 원리로 물만 든 컵에 달걀을 넣으면 가라앉지만 소금을 녹일수록 달걀이 위로 떠올라요. 달걀을 조금씩 떠오르게 해 볼까요?

준비물
- 달걀 3알
- 소금
- 물
- 유리컵 3개

밀도와 부력은 어떤 관계가 있는지 알 수 있어요.

이렇게 실험해요

1 컵 3개를 준비해요. 가운데 컵은 비우고 양쪽 컵에 물을 넣어요.

2 오른쪽 컵에 소금을 넣어요. 바닥에 조금 남을 때까지 넣고 녹여요.

3 왼쪽과 오른쪽 컵에 달걀을 넣어요.

4 가운데 컵에 소금물인 오른쪽 컵의 물을 절반 정도 부어요. 가운데 컵에 달걀을 넣어요.

5 이번엔 가운데 컵에 맹물인 왼쪽 컵의 물을 부어요. 달걀이 컵의 중간 높이에 떠오를 때까지 천천히 넣어요.

6 왼쪽과 오른쪽 컵에 물을 더 부어 달걀 도레미를 완성해요.

건빵박사의 개념 정리

- **농도** : 용액이 얼마나 진하고 묽은지를 나타낸 정도. 액체나 기체에 들어 있는 성분의 양을 말해요.
- **밀도** : 일정한 공간에 물질이 빽빽이 들어 있는 정도. 물질의 단위 부피당 질량, 즉 질량을 부피로 나눈 값을 말해요.
- **부력** : 물이나 공기 같은 유체가 물체를 둘러쌀 때 중력과 반대 방향의 힘으로 물체를 뜨게 하는 힘.
- **용액** : 두 가지 이상의 물질이 고르게 섞여 있는 혼합물. 녹이는 물질을 용매, 녹는 물질을 용질이라 합니다.

잠깐!

- 달걀은 싱싱한 날달걀을 사용해요.
- 오른쪽 컵에 소금을 녹일 때는 바닥에 소금 알갱이가 보일 때까지 충분히 녹여 주세요.

달걀 도레미를 만드는 소금의 비밀

액체는 밀도가 클수록 부력이 커져요. 물이 달걀을 떠받치는 부력이 달걀의 무게가 아래로 누르는 힘보다 더 세기 때문에 달걀이 떠오르게 됩니다.

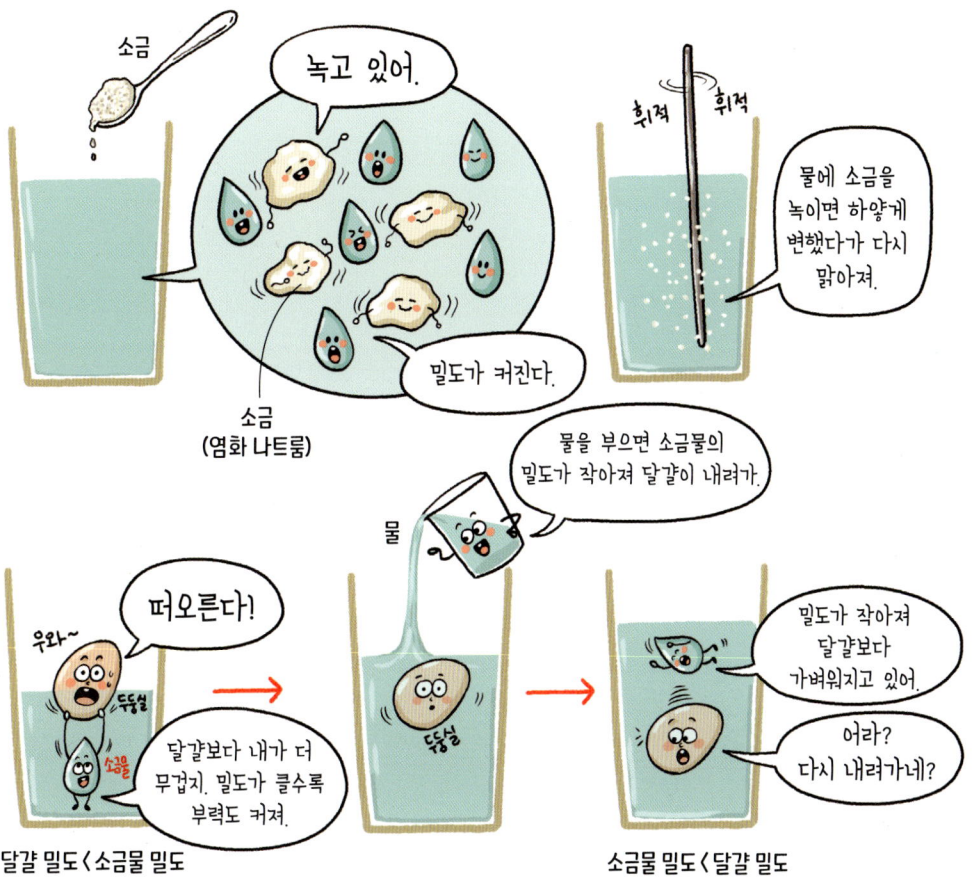

달걀의 밀도가 물보다 크면 가라앉고 물보다 작으면 물 위에 떠요. 달걀이 물컵 중간 높이에 정지하게 하려면 소금물과 달걀의 밀도를 같게 하면 됩니다.

두근두근 실험 결과

맹물인 왼쪽 컵에 넣은 달걀은 가라앉고 소금물인 오른쪽 컵에 넣은 달걀은 물 위에 떠요. 가운데 컵은 소금이 적당히 들어 있어 달걀이 컵의 중간 높이에 뜰 거예요. 물에 소금을 많이 넣을수록 달걀이 더 높이 떠오릅니다.

소금이 잘 녹도록 휘저어요.

소금의 양	달걀의 변화
소금 1스푼	거의 변화 없음
소금 5스푼	살짝 떠오름
소금 10스푼	물 위로 떠오름

더 알아봐요!

물에 소금을 녹이면 소금이 물에 용해되어 보이지 않게 됩니다. 이때 녹이는 물질인 물을 '용매'라 하고 녹는 물질인 소금을 '용질'이라고 합니다. 용질이 용매와 고르게 섞이는 현상을 '용해'라고 합니다. 용해가 된 소금물이 '용액'입니다.

소금이 용해되었다는 것은 소금 알갱이가 물 알갱이 사이에 들어갔다는 뜻이에요. 같은 양의 물에 소금을 많이 녹일수록 농도가 진해집니다. 용액의 농도가 진할수록 밀도가 커지고 밀어 올리는 힘(부력)이 커지기 때문에 소금을 많이 녹일수록 달걀이 잘 떠오릅니다.

36 이쑤시개로 당근과 포크를 드는 비밀

교과 단원
4학년 1학기 4단원 물체의 무게

핵심 개념
무게, 무게 중심, 수평

가벼운 이쑤시개 하나로 무거운 당근과 포크를 들 수 있다니 놀랍지 않나요? 어떤 과학 원리가 숨어 있을까요? 실험으로 알아봐요!

준비물
- 당근
- 포크 2개
- 이쑤시개
- 유리컵
- 라이터*
- 칼*

무게 중심을 이해할 수 있어요.

161

이렇게 실험해요

1 작게 자른 당근 조각의 양쪽에 포크를 V자 모양으로 꽂아요.

2 두 포크 사이에 이쑤시개를 꽂아요.

3 컵 가장자리에 이쑤시개를 올려서 균형을 잡아요.

어른과 함께해요!

4 균형을 잡은 다음 라이터로 이쑤시개 끝에 불을 붙여요.

5 이쑤시개 불이 꺼진 다음에 어떻게 될지 관찰해 보세요.

건빵박사의 개념 정리

- **무게** : 지구가 물체를 끌어당기는 힘의 크기. 물체의 무거운 정도를 나타냅니다. 물체가 위치한 장소에 따라 값이 달라져요. 무게를 나타내는 단위에는 kg(킬로그램) 외에 N(뉴턴)도 있어요.
- **무게 중심** : 물체가 균형을 이루는 지점이자 물체가 지닌 무게의 중심점이에요. 무게 중심에 물체를 놓으면 기울지 않아요.
- **수평** : 물체가 어느 한쪽으로 기울어지지 않고 균형이 맞는 평평한 상태. 물체의 받침점과 물체 사이의 거리를 조절해 수평을 잡아요.

잠깐!

- 칼을 사용해 당근을 자르고 라이터를 사용할 때는 꼭 어른의 도움을 받아요.

당근과 포크로 어떻게 무게 중심을 잡을까?

물체가 균형을 이루어 어느 한쪽으로도 기울어지지 않는 점을 '무게 중심'이라 합니다. 무게 중심이 아래쪽에 있을수록 물체는 안정적이에요.

무거운 포크가 무게 중심을 아래에 두기 때문에 균형을 잡을 수 있어요. 포크의 각도가 바뀌면 무게 중심이 달라져 균형이 깨질 거예요.

타고 남은 이쑤시개

대롱대롱~

수평을 이루고 있어.

신기해.

어떻게 가만히 있지?

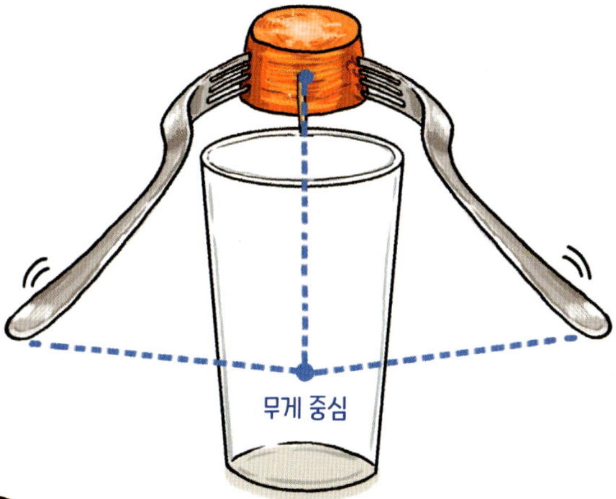

무게 중심

포크 사이 간격을 벌리면 무게 중심이 위쪽으로, 포크를 모으면 무게 중심이 아래쪽으로 가요.

포크를 내리면 무게 중심이 달라져.

무게 중심

무게 중심이 위쪽에 있으면 넘어지기 쉬워.

무게 중심

무게 중심이 아래쪽에 있어 안정적이지.

무게 중심

무게 중심이 아래쪽에 있으면 안정적이라 균형 잡기가 쉽습니다.

두근두근 실험 결과

불이 붙은 이쑤시개가 타다가 컵 가장자리에 닿으면 불이 꺼집니다. 이쑤시개가 짧아지면 당근과 포크가 떨어질 것 같지만 잘 매달려 있어요.

다르게 실험해 봐요!

산이나 절에 가면 돌을 높게 쌓아 놓은 돌탑들을 볼 수 있어요. 이 돌탑을 쌓는 일 또한 무게 중심을 찾는 과정이랍니다. 작고 평평한 돌들을 모아 돌탑을 쌓아 보세요.

신기한 과학 이야기

공중에서 긴 막대를 들고 줄 위를 걷는 재주꾼 역시 무게 중심이 아래쪽에 있기 때문에 안정적으로 줄을 건널 수 있어요. 거대한 배가 파도에 넘어지지 않는 이유도 배의 밑바닥에 바닷물을 채워 무게 중심을 아래쪽에 두었기 때문입니다.

37 실을 따라 흐르는 물

교과 단원
3학년 2학기 4단원 물질의 상태

핵심 개념
부착력, 응집력, 표면 장력

물이 든 컵에서 다른 컵으로 물을 옮기는 방법은 여러 가지가 있습니다. 가장 쉬운 방법은 물컵을 기울이는 것이겠지요? 하지만 과학자는 색다른 방법을 좋아합니다. 케이블카처럼 줄을 따라 물이 흘러가게 할 수는 없을까요? 실험해 봅시다.

준비물
- 마 끈
- 물
- 투명한 컵 2개
- 절연 테이프

물과 관련된 다양한 힘을 살펴봐요.

165

이렇게 실험해요

1 두 컵 모두 안쪽에 마 끈을 대고 절연 테이프로 붙여요.

2 한쪽 컵에만 물을 부어요.

3 마 끈을 물에 충분히 적셔요.

4 물이 들어 있는 컵을 위로 올려 비스듬히 기울인 다음 천천히 부어요.

건빵박사의 개념 정리

- **부착력** : 서로 다른 두 물질 표면의 분자 사이에 끌어당기는 힘.
- **응집력** : 액체나 고체에서 물질을 이루는 원자나 분자 알갱이들이 서로 끌어당기는 힘.
- **표면 장력** : 액체의 표면이 가능한 한 작은 면적에 있으려는 힘. 물체 속 분자 사이에 끌어당기는 힘인 인력으로 액체의 표면에 생기는 응집력을 말해요.

잠깐!

- 마 끈이 컵에 잘 달라붙도록 절연 테이프로 붙여요.
- 가는 실이나 털실 등 다른 실로 실험해 보세요.

물이 실을 따라 흐르는 이유는?

물에는 물 분자끼리 서로 끌어당기는 힘인 '응집력'과 물 분자가 물체에 붙어 있으려고 하는 힘인 '부착력'이 있어요. 컵 안에 들어 있는 물은 부착력에 의해 마 끈에 달라붙으려고 합니다. 물의 응집력과 부착력 덕분에 물이 마 끈을 따라 위에서 아래로 흐릅니다.

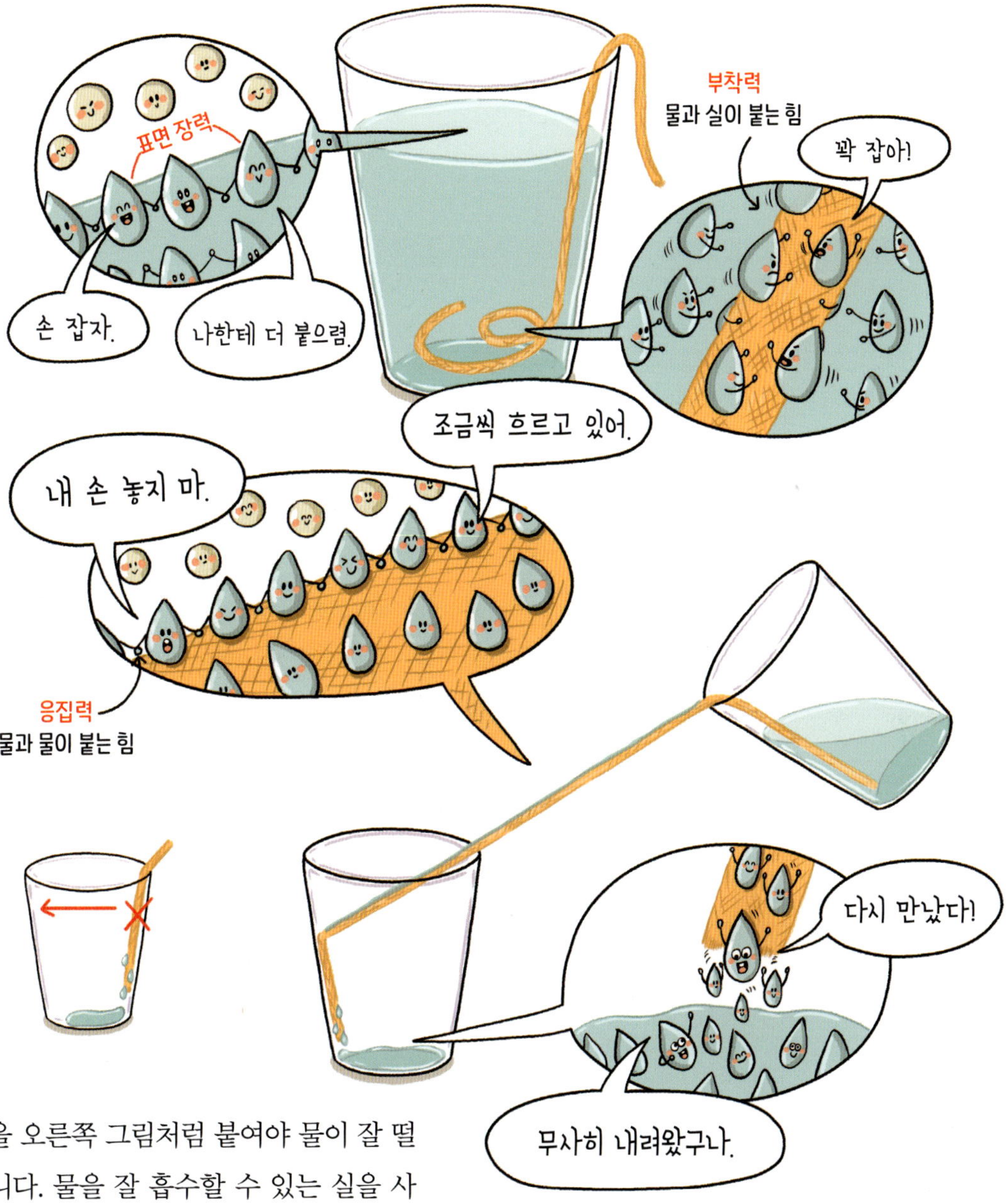

실을 오른쪽 그림처럼 붙여야 물이 잘 떨어집니다. 물을 잘 흡수할 수 있는 실을 사용하세요.

두근두근 실험 결과

물은 위에서 아래로 마 끈을 따라 조금씩 흘러요. 물이 마 끈에 달라붙은 뒤 마 끈을 따라 아래에 있는 컵으로 내려갑니다.

다르게 실험해 봐요!

비눗물에도 표면 장력이 있어요. 비누 막을 만들어 비눗물의 표면 장력을 확인해 봐요!

물에 세제를 풀어 비눗물을 만든 다음 거즈와 실을 담가요. 거즈로 유리컵을 덮듯이 가장자리를 문지르면 비누 막이 생겨요! 이 비누 막에 실을 얹어도 비누 막이 터지지 않는답니다. 실을 이리저리 움직일 수도 있고, 실로 가운데 구멍만 터뜨릴 수도 있지요.

 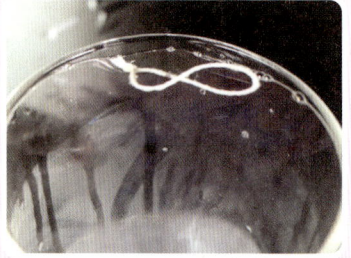 

비누 막에 구멍이 생겼어요!

실험 영상 확인하러 가기

38 튼튼한 종이 기둥

교과 단원
4학년 1학기 4단원 물체의 무게

핵심 개념
무게, 힘, 힘의 분산

짜잔! 색종이로 만든 기둥 위에 이렇게 많은 책을 올릴 수 있다니 신기하지요? 더 많은 책을 올리고 싶다면 어떤 모양의 기둥을 만들어야 할까요? 삼각기둥, 사각기둥, 원기둥 중 어떤 모양이 가장 튼튼한지 실험해 봐요!

준비물
- ✓ 책
- ✓ 색종이
- ✓ 풀

어떤 조건에서 힘이 잘 나뉘는지 알 수 있어요.

이렇게 실험해요

1 색종이에 풀을 붙여 기둥을 만들어요.

2 원기둥 4개, 삼각기둥 4개, 사각기둥 4개를 만듭니다.

3 먼저 삼각기둥 4개 위에 책을 두 권 올려 봐요. 버틸 수 있다면 한 권 더 올려요.

4 사각기둥 4개 위에 책을 올려 보세요.

5 원기둥 4개 위에 책을 올려 보세요.

건빵박사의 개념 정리

- **무게** : 지구가 물체를 끌어당기는 힘의 크기. 물체의 무거운 정도를 나타냅니다. 물체가 위치한 장소에 따라 값이 달라져요. 무게를 나타내는 단위에는 kg(킬로그램) 외에 N(뉴턴)도 있어요.
- **힘** : 물체의 빠르기나 방향 등 운동 상태, 모양을 변화시키는 원인을 '힘'이라고 해요.
- **힘의 분산** : 힘을 여러 곳으로 나누어 분산하는 일.

잠깐!

- 종이 기둥에 책을 올릴 때 천천히 올려요.
- 기둥의 높이나 밑면의 넓이를 다르게 만들어서 실험해 보세요. 어떤 모양이 더 튼튼한가요?

과학 원리가 쏙쏙!

원기둥은 왜 삼각기둥보다 튼튼할까?

종이를 원기둥으로 만들면 책이 아래로 누르는 힘인 무게가 원의 수많은 점으로 골고루 나뉘어져요. 이렇게 힘이 나뉘는 것을 '힘의 분산'이라고 합니다. 힘을 받는 부분 즉, 꼭짓점이 많을수록 힘이 잘 나뉘기 때문에 더 무거운 물체를 올려도 잘 견딜 수 있어요. 그래서 원기둥이 삼각기둥, 사각기둥보다 많은 책을 올릴 수 있답니다.

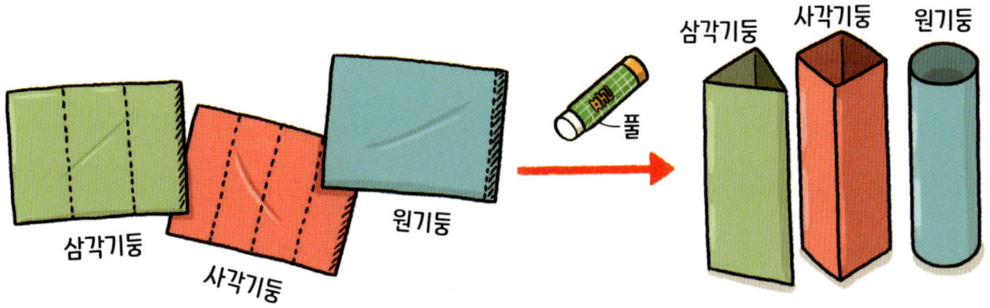

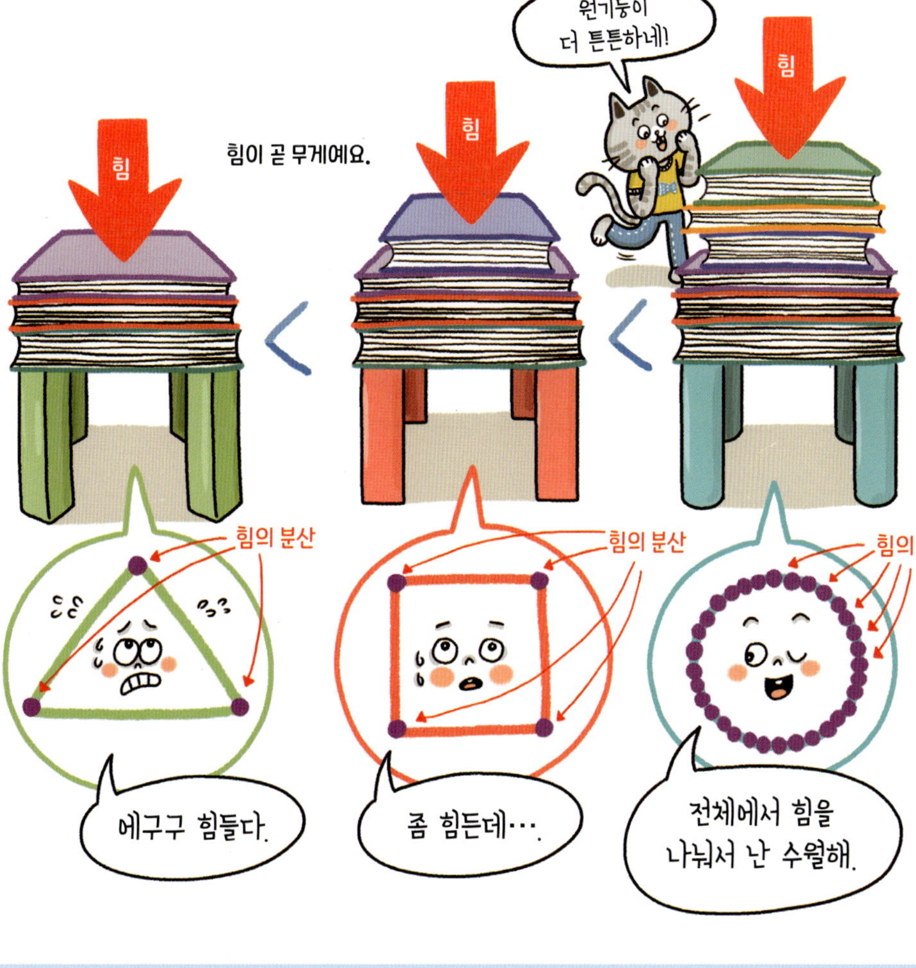

두근두근 실험 결과

삼각기둥, 사각기둥, 원기둥 위에 책을 천천히 한 권씩 올려 봐요. 삼각기둥, 사각기둥, 원기둥 순으로 책을 더 많이 올렸어요. 삼각기둥보다 사각기둥이, 사각기둥보다 원기둥이 책을 더 많이 올릴 수 있지요.

기둥의 종류	올린 책의 수
삼각기둥	3권
사각기둥	4권
원기둥	6권

힘의 분산 실험 모아 보기
- 47번 도전! 종이컵 위에 올라가기 → 207쪽

신기한 과학 이야기

아치 모양은 기원전 4천 년에도 있었던 건축 형태예요. 아치 구조는 위에서 아래로 누르는 힘을 두 방향으로 분산시켜요. 아래에서 받치는 돌이 위에서 누르는 힘을 지탱하지요. 위에서 아주 무거운 힘이 눌러도 형태를 안정적으로 유지할 수 있어요. 아치 모양은 문이나 다리에 많이 적용됩니다. 주변에서 아치 모양을 찾아보세요!

39 사이다 속에서 춤추는 건포도

교과 단원
6학년 1학기 3단원 여러 가지 기체

핵심 개념
부력, 중력, 탄산

수영장에서 튜브를 타고 있으면 물에 가라앉지 않고 뜰 수 있어서 안전해요. 튜브 속에 들어 있는 가벼운 공기가 물에 뜨기 때문이에요. 그런데 사이다 속에 든 건포도는 물속에 가라앉았다가 떴다가를 반복한대요! 왜 그럴까요? 실험해 봐요.

준비물

- ✓ 사이다
- ✓ 컵
- ✓ 포도 또는 건포도

부력의 개념을 이해할 수 있어요.

이렇게 실험해요

1 컵에 사이다를 부어요.

2 사이다에 건포도를 넣어요.

3 건포도는 가라앉았다가 다시 올라와요.

4 위로 올라온 건포도가 다시 내려가는지 관찰해 보세요.

건빵박사의 개념 정리

- **부력** : 물이나 공기 같은 유체가 물체를 둘러쌀 때 중력과 반대 방향의 힘으로 물체를 뜨게 하는 힘.
- **중력** : 지구가 물체를 끌어당기는 힘. 물체를 끌어당기는 힘의 크기를 '무게'라고 해요.
- **탄산** : 이산화 탄소가 물에 녹아서 생기는 약한 산. 탄산음료는 탄산 가스가 녹아 있는 음료예요.

잠깐!

- 사이다를 빠르게 부으면 넘칠 수 있어요. 천천히 부어 주세요.
- 건포도 대신 포도를 넣어도 돼요. 포도는 알이 굵고 싱싱한 것으로 준비해요.

포도를 춤추게 만드는 사이다의 비밀은?

포도가 사이다에 빠지면 처음에는 사이다보다 밀도가 크기 때문에 가라앉아요. 시간이 지나면 사이다 속 이산화 탄소 방울이 포도에 달라붙어요. 사이다보다 가벼운 이산화 탄소 방울들이 포도에 붙으면서 부력이 생겨 포도를 위로 떠오르게 합니다. 사이다 위로 떠오른 포도는 이산화 탄소 방울들이 터지면서 부력이 약해져 다시 가라앉아요.

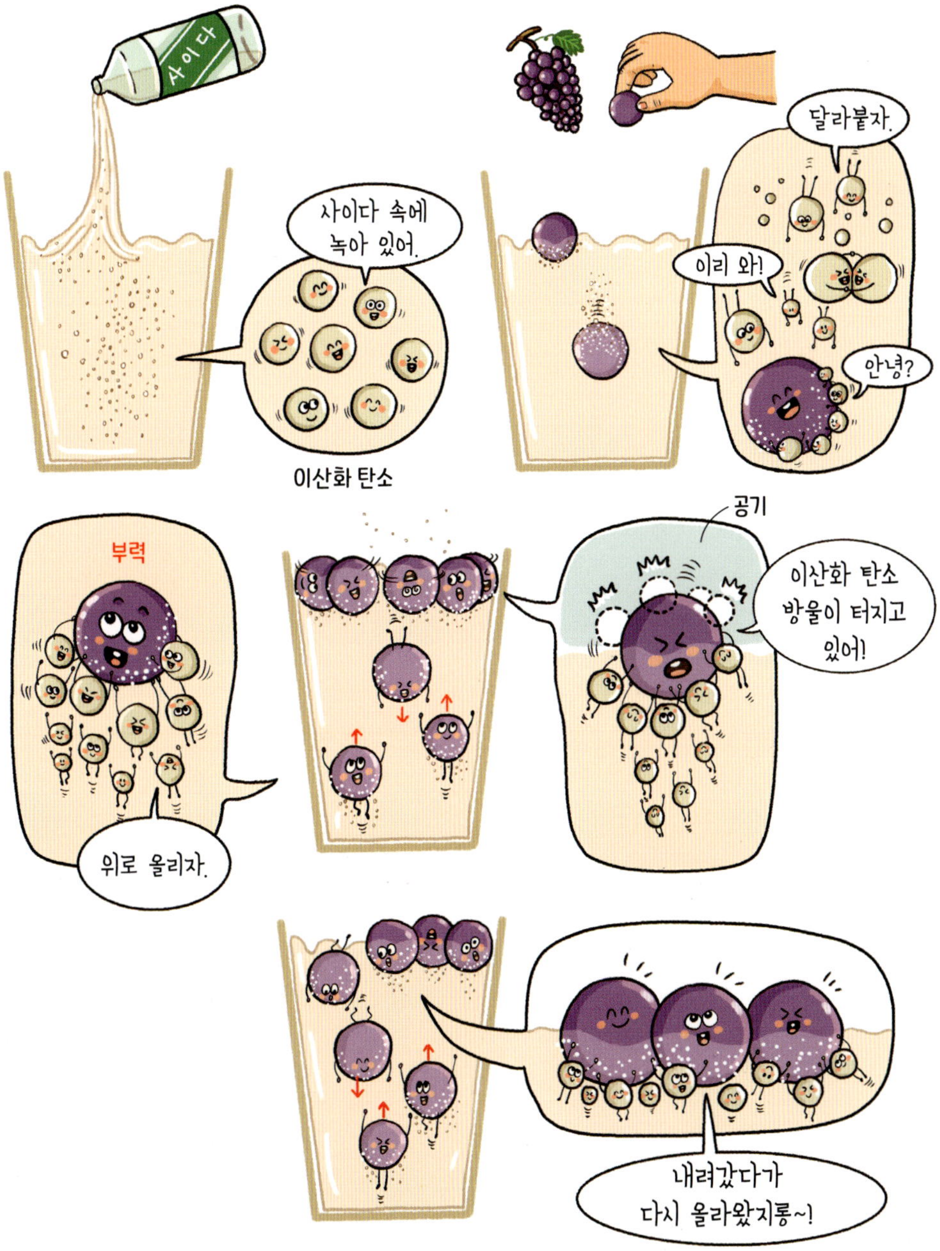

실험 결과

위로 올라온 건포도는 기포(이산화 탄소 방울)들이 터져 다시 내려가고, 내려가 있던 건포도는 기포들이 붙어 다시 올라와요. 건포도는 계속 오르락내리락해요. 사이다의 기포가 없어질 때까지 건포도는 오르락내리락합니다.

기포가 없어지면 어떻게 될까요?

탄산이 없어 기포가 나지 않는 물에 건포도를 넣으면 어떻게 될까요? 건포도를 물에 넣어 비교해 보세요.

액체의 종류	건포도의 움직임
사이다	건포도가 위아래로 움직인다.
물	건포도가 아래에 가라앉는다.

다르게 실험해 봐요!

김이 빠진 사이다에 넣어도 포도가 떠오를까요? 포도보다 조금 더 무거운 지우개나 유리구슬을 넣어 보는 건 어떨까요? 실험한 다음 결과를 비교해 보세요!

40 쟁반과 풍선을 같이 떨어뜨리면?

교과 단원
4학년 1학기 4단원 물체의 무게

핵심 개념
공기 저항, 무게, 중력

쟁반과 풍선을 동시에 떨어뜨리면 무거운 쟁반이 먼저 떨어질 거예요. 물리학자 갈릴레이는 진공에서는 무거운 공과 깃털이 동시에 바닥에 닿는다고 했어요. 하지만 진공이 아니더라도 동시에 바닥에 닿게 하는 방법이 있습니다. 실험해 봐요!

준비물
- ✓ 풍선
- ✓ 쟁반

물건이 떨어질 때 공기와 중력이 어떤 영향을 주는지 알 수 있어요.

이렇게 실험해요

  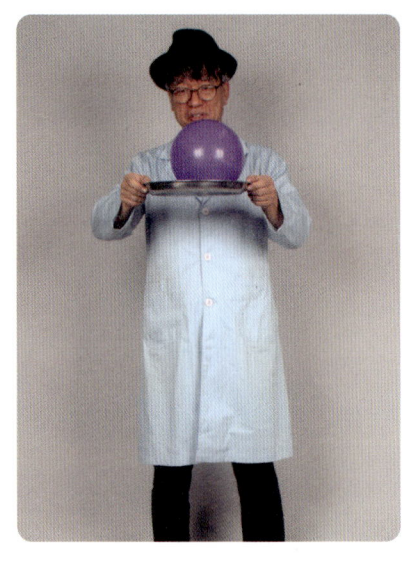

1 풍선과 쟁반을 같은 높이에서 동시에 떨어뜨려요.

2 쟁반이 풍선보다 빨리 떨어져요.

3 이번에는 쟁반 위에 풍선을 놓고 떨어뜨려요. 어떻게 되는지 관찰해 보세요.

건빵박사의 개념 정리

- **공기 저항** : 물체가 움직일 때 방해하는 공기의 힘을 말해요.
- **무게** : 지구가 물체를 끌어당기는 힘의 크기. 물체의 무거운 정도를 나타냅니다. 물체가 위치한 장소에 따라 값이 달라져요. 무게를 나타내는 단위에는 kg(킬로그램) 외에 N(뉴턴)도 있어요.
- **중력** : 지구가 물체를 끌어당기는 힘. 물체를 끌어당기는 힘의 크기를 '무게'라고 해요.

잠깐!

- 풍선보다 크기가 큰 쟁반을 사용해요.
- 바닥에 떨어져도 깨지지 않는 스테인리스 쟁반이 좋습니다.

풍선과 쟁반이 떨어질 때 어떤 일이 생길까?

지구에는 지구가 물체를 끌어당기는 힘인 중력이 존재해요. 중력은 물체의 무게가 무거울수록 커져요. 풍선과 쟁반을 떨어뜨리면 무게가 무거운 쟁반이 먼저 땅으로 떨어져요.

지구 중력이 1이라면 달의 중력은 6분의 1이에요.

물체가 떨어질 때는 공기 저항을 받는데, 물체가 가벼울수록 공기 저항을 더 많이 받아요. 공기 저항을 많이 받을수록 천천히 떨어지지요. 쟁반 위에 풍선을 올려놓고 떨어뜨리면 쟁반 덕분에 풍선은 공기 저항을 안 받아요. 따라서 풍선과 쟁반이 함께 떨어진답니다.

공기 저항이 없는 진공에서는 가볍거나 무거운 모든 물건이 동시에 떨어질 거예요.

두근두근 실험 결과

쟁반과 풍선을 같은 높이에서 동시에 떨어뜨리면 가벼운 풍선은 천천히 떨어지고 무거운 쟁반은 빨리 떨어져요. 하지만 쟁반 위에 풍선을 두고 떨어뜨리면 풍선과 쟁반이 함께 떨어져요.

신기한 과학 이야기

지구나 달처럼 태양도 중력이 있어요. 태양의 중력으로 지구, 토성, 목성 등을 끌어당기고 있고, 지구도 지구의 중력으로 달과 인공 위성을 끌어당기고 있지요. 어마어마한 힘이지요?

대전시민천문대에 가면 '태양계의 중력 저울'이라는 특별한 체중계가 있어요. 다양한 행성에서 몸무게가 얼마나 나가는지 재 볼 수 있는 체중계이지요. 52킬로그램인 사람이 태양에 가면 1,472킬로그램이나 되고, 달에 가면 8.7킬로그램밖에 안 되지요! 태양의 중력은 지구의 28배 정도, 달의 중력은 지구의 6분의 1 정도이기 때문이에요. 여러분의 몸무게는 태양과 달에서 몇 킬로그램인지 계산해 보세요.

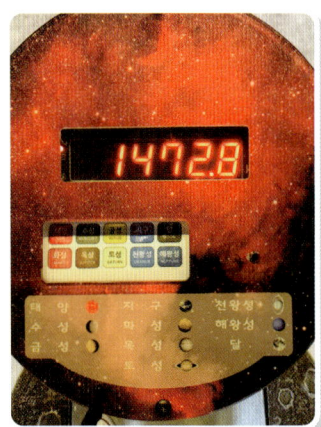
태양 체중계

달 체중계

5장 물풍선을 찔러도 터지지 않는다고요?

가족, 친구랑 같이 하는 놀이 실험

친구와 돌아가며 물풍선에 연필을 꽂거나 종이 보트로 누가 누가 더 멀리 나가는지 경기를 해 보세요. 달걀 탱탱볼을 만들고 종이로 폭탄 소리를 내 볼까요? 가족, 친구랑 같이 할 수 있는 실험을 만나요!

미리 보는 과학 개념 톡톡!

관성, 삼투 현상, 소리, 힘의 분산

● 관성
두루마리 휴지를 빠르게 잡아당기면 툭 끊어지고, 앞으로 가던 버스가 갑자기 멈추면 몸이 앞으로 기울어요. 이는 '관성'이라는 현상 때문이에요. 관성은 물체가 외부로부터 힘을 받지 않을 때 정지해 있는 물체는 정지 상태를 계속 유지하려고 하고, 움직이고 있는 물체는 계속 움직이려고 하는 성질을 말해요. 뉴턴의 운동 법칙 중 제1법칙이에요.

● 삼투 현상
오이를 소금물에 절이면 피클이 되는데 이때 삼투 현상이 일어난 것이에요. 농도가 다른 오이와 소금물 사이에서 오이 속 물이 소금물로 빠져나와 오이가 쭈글쭈글해집니다. 이처럼 서로 다른 농도의 두 용액(오이와 소금물)이 반투막(오이의 세포막)을 사이에 두고 맞닿아 있을 때, 농도가 낮은 쪽(오이)에서 농도가 높은 쪽(소금물)으로 용매(물)가 이동하는 현상이에요.

● 소리
종이를 입 앞에 대고 소리를 내 보세요. 종이가 떨리는 것이 보이지요? 소리는 물체가 진동하면서 공기나 물 같은 주위의 매질을 진동시켜 퍼져 나가는 현상을 말해요. 매질이 얼마나 진동하는지에 따라 높은 소리와 낮은 소리가 결정됩니다.

● 힘의 분산
눈이 많이 오는 지역에 사는 사람들은 눈 위를 걸을 때 발이 눈에 빠지지 않도록 신발 바닥에 '설피'라는 넓적한 덧신을 신었습니다. 이처럼 힘을 여러 곳으로 나누는 원리가 바로 '힘의 분산'입니다.

41 찔러도 찔러도 터지지 않는 물 봉지

교과 단원
3학년 1학기 2단원 물질의 성질

핵심 개념
대기압, 마찰열, 표면 장력

물이 가득 담긴 비닐봉지를 연필로 찌르면 물난리가 나겠지요? 하지만 신기한 일이 일어납니다. 비닐봉지가 터지지 않고 물도 새지 않아요. 실험해 볼까요?

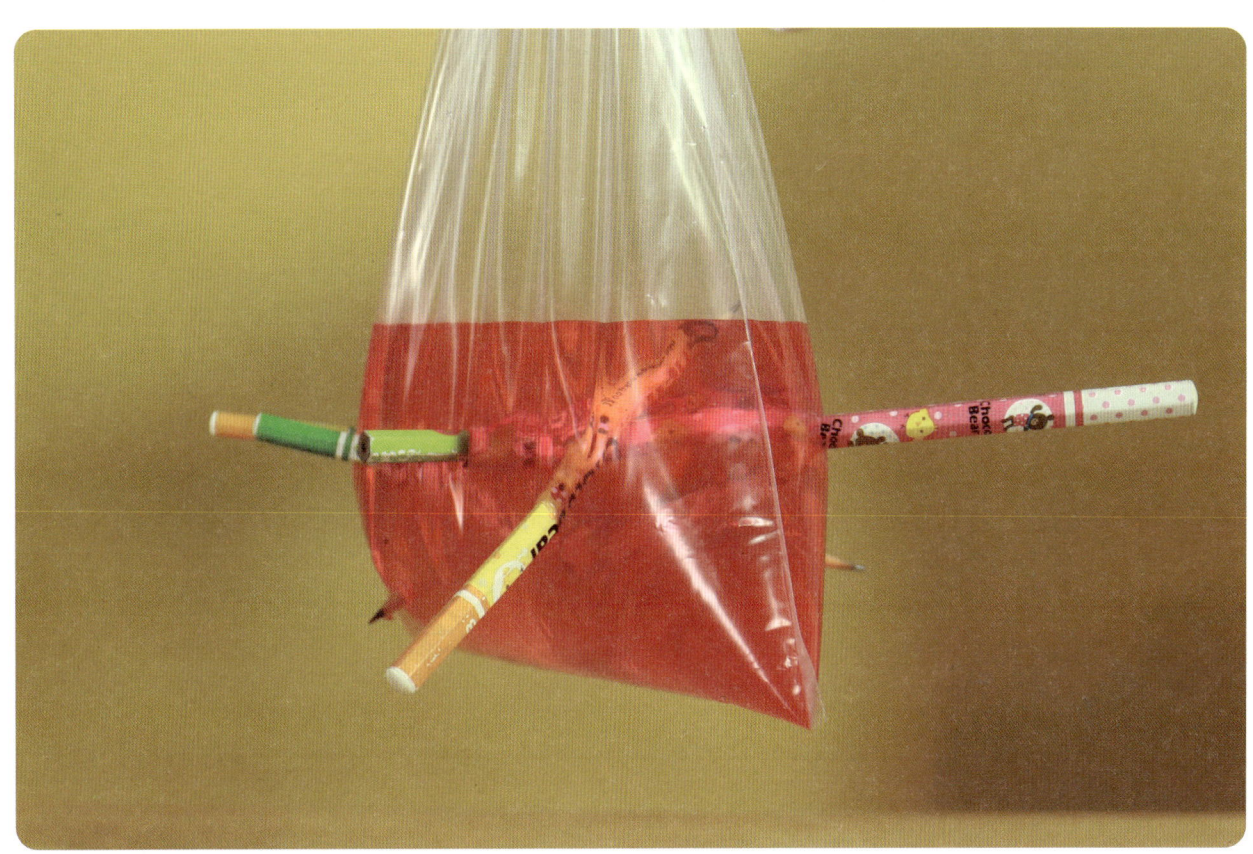

준비물
- 비닐봉지
- 물
- 연필

표면 장력의 힘을 확인할 수 있어요.

183

이렇게 실험해요

1 비닐봉지에 물을 채운 다음 위를 묶어요.

2 물이 있는 부분에 연필을 찔러 넣어요.

3 연필 여러 개를 더 찔러요.

4 물이 쏟아질 때까지 연필을 찔러 보세요.

건방박사의 개념 정리

- **대기압** : 공기가 누르는 힘. 기압 또는 대기압이라 합니다. 높은 곳일수록 기압이 낮아요.
- **마찰열** : 두 물체가 접촉할 때 마찰하며 생기는 열. 마른 나무 두 개를 문질러 불을 만들어 내는 것은 마찰열을 이용한 거예요.
- **표면 장력** : 액체의 표면이 가능한 한 작은 면적에 있으려는 힘. 물체 속 분자 사이에 끌어당기는 힘인 인력으로 액체의 표면에 생기는 응집력을 말해요.

잠깐!

- 비닐봉지에 물을 많이 채워야 연필을 찌르기 쉽습니다.
- 비닐봉지가 터질 경우를 대비해 아래에 대야를 두고 실험하세요.

물 봉지는 왜 안 터질까?

손바닥끼리 비벼 보세요. 손바닥을 비비면 열이 나는데, 이와 같은 원리로 물이 들어 있는 비닐봉지와 연필 사이에 마찰열이 생겨요.

이 마찰열이 비닐을 수축하게 만들어 비닐과 연필의 틈을 메워요. 또 연필과 비닐 사이에 있는 물 분자들의 표면 장력 덕분에 물이 새지 않습니다.

두근두근 실험 결과

물이 든 비닐봉지에 연필을 여러 개 찔러도 비닐이 터지거나 물이 쏟아지지 않아요. 마찰열과 물의 표면 장력 덕분이에요.

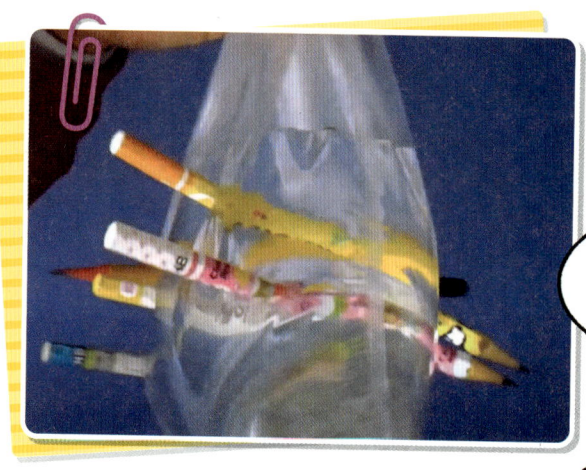

연필을 몇 개 꽂아야 비닐봉지가 터지나요? 친구랑 내기해 보세요.

표면 장력 실험 모아 보기

- **3번** 우유로 멋진 마블링 작품 만들기 → **23쪽**
- **37번** 실을 따라 흐르는 물 → **165쪽**
- **49번** 세제 한 방울이면 보트가 슝! → **215쪽**

더 알아봐요!

물과 공기가 닿은 표면 등에서 물 분자가 서로 붙으려는 힘을 '표면 장력'이라고 합니다. 물 위에 소금쟁이가 뜰 수 있는 이유는 물의 표면 장력과 그 표면 장력을 깨지 않을 만큼 가벼운 무게 덕분이에요.

표면 장력을 풀게 하는 비밀도 있어요! 25쪽에서 확인해 보세요.

42 통통 튀는 달걀 탱탱볼

교과 단원
5학년 2학기 5단원 산과 염기

핵심 개념
농도, 삼투 현상, 화학 반응

달걀로 탱탱볼을 만들 수 있다고요? 식초에 담가 놓고 이틀만 기다려 보세요. 달걀은 어떤 원리 때문에 탱탱볼이 되는 걸까요? 실험으로 알아봅시다!

준비물
- ✓ 식초
- ✓ 달걀
- ✓ 컵

삼투 현상을 관찰할 수 있어요.

이렇게 실험해요

1 컵에 식초를 붓고 달걀을 조심히 넣어요.

2 그대로 두면 달걀 표면에 공기 방울이 생겨요.

3 시간이 지나면 달걀이 떠오르면서 껍질이 녹아요.

4 이틀 정도 지나면 달걀 껍데기가 녹은 채 가라앉아 있어요.

5 식초에서 달걀을 꺼내 물로 씻은 다음 만져 보세요.

건빵박사의 개념 정리

- **농도** : 용액이 얼마나 진하고 묽은지를 나타낸 정도. 액체나 기체에 들어 있는 성분의 양을 말해요.
- **삼투 현상** : 서로 다른 농도의 두 용액이 반투막을 사이에 두고 맞닿아 있을 때, 농도가 낮은 쪽에서 높은 쪽으로 용매가 이동하는 현상이에요.
- **화학 반응** : 어떤 물질이 화학 변화를 일으켜 본래 성질과는 전혀 다른 물질로 변하는 현상.

잠깐!

- 식초에 담가 둔 달걀을 관찰하는 동안 컵을 흔들거나 만지지 않아요.
- 식초 냄새가 많이 나면 랩을 씌우거나 뚜껑 있는 용기를 사용해요.

달걀이 탱탱볼처럼 변하는 이유가 식초 때문?

달걀 껍데기는 탄산 칼슘으로 이루어져 있어요. 껍데기는 산성인 식초와 만나면 녹아 버리지요.

달걀 껍데기가 식초에 녹으면서 이산화 탄소가 생겨요. 이렇게 생긴 이산화 탄소가 달걀에 붙어 식초 위로 떠오르게 해요.

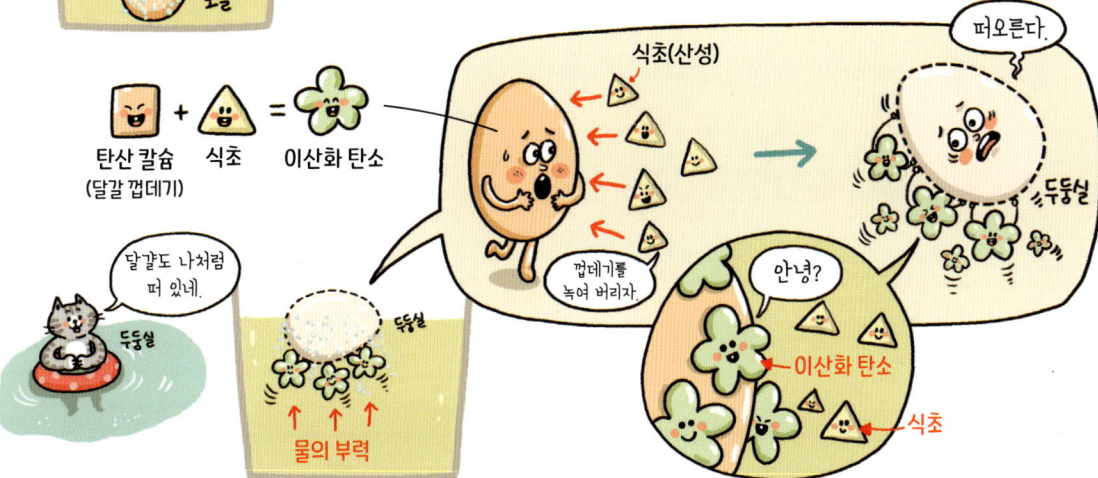

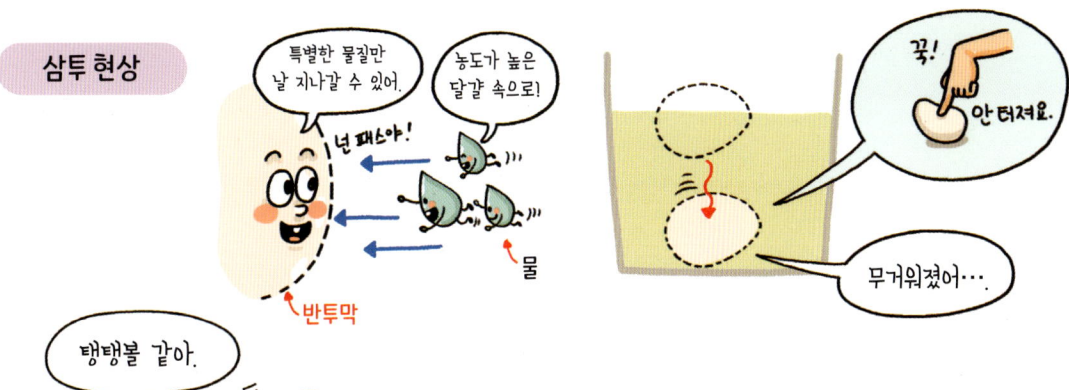

달걀이 식초에 들어 있는 동안 삼투 현상이 일어나요. 농도가 높은 달걀 속으로 농도가 낮은 식초 속 물이 들어가면서 달걀과 식초의 농도가 같아져요.

실험 결과

식초에 담가 둔 달걀을 살펴보면 처음엔 기포(이산화 탄소 방울)가 생기고, 나중엔 껍데기가 녹아서 벗겨져요. 물에 씻은 다음 만져 보면 달걀이 탱탱볼처럼 통통 튀어요.

달걀 표면에 기포가 보글보글 생겨요.

다르게 실험해 봐요!

오이와 물, 소금물을 준비해요. 오이를 반으로 잘라 하나는 물에, 다른 하나는 소금물에 넣어 보세요. 시간이 지난 다음 오이를 확인해 봐요.

소금물에 넣은 오이는 물에 넣은 오이보다 쭈글쭈글해요. 소금물에 넣은 오이에서 삼투 현상이 일어났기 때문이에요. 오이 속 물이 농도가 높은 소금물로 빠져나와 오이가 쭈글쭈글해진 것이랍니다.

더 알아봐요!

우리가 바닷물을 마시면 안 되는 이유도 삼투 현상과 관련이 있어요. 바닷물은 염분 농도가 높아 우리 몸속에 들어오면 세포 속 수분이 농도가 높은 세포 밖으로 빠져나옵니다. 바닷물을 마실수록 더 많은 수분이 빠져나가 탈수 현상이 생길 수 있으니 주의하세요.

43 누구에게나 공평한 구슬치기 놀이

교과 단원
5학년 2학기 4단원 물체의 운동

핵심 개념
운동, 운동량 보존의 법칙, 작용 반작용, 힘

일렬로 서 있는 구슬 4개를 구슬 1개로 세게 치면 모두 움직일까요? 힘이 센 친구나 힘이 약한 친구나, 누가 더 힘이 센지 상관없이 반대편 구슬 1개만 움직인답니다. 누구에게나 아주 공평한 놀이예요!

준비물
- ✓ 책 3권
- ✓ 구슬 5개

운동 에너지를 이해할 수 있어요.

이렇게 실험해요

1 책 2권을 위아래로 두고, 사이를 벌려요. 구슬 5개를 놓은 다음 오른쪽 길을 책으로 막아요.

2 왼쪽 구슬 1개를 오른쪽으로 쳐요.

3 구슬 몇 개가 튕겨 나가는지 적어요.

4 이번에는 왼쪽 구슬 2개를 오른쪽으로 쳐요.

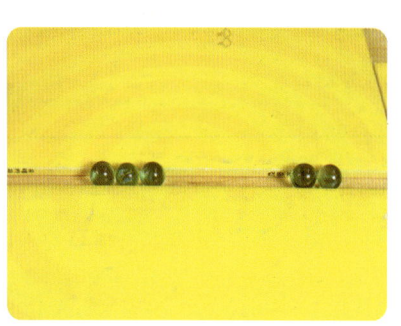

5 이번에는 구슬이 몇 개가 튕겨 나갔는지 비교해요.

건빵박사의 개념 정리

- **운동** : 시간의 경과에 따라 물체의 위치가 변하는 현상.
- **운동량 보존의 법칙** : 외부에서 힘이 작용하지 않을 때 두 물체가 충돌하기 직전과 직후의 운동량이 보존된다는 법칙.
- **작용 반작용** : 한 물체(A)가 다른 물체(B)에 힘을 작용하면 다른 물체(B)도 힘을 작용한 물체(A)에 크기가 같고 방향이 반대인 힘을 작용한다는 법칙.
- **힘** : 물체의 빠르기나 방향 등 운동 상태, 모양을 변화시키는 원인을 '힘'이라고 해요.

잠깐!

- 바닥이 매끄러워야 구슬이 잘 굴러가요.
- 책은 얇은 것으로 골라요. 책 높이가 구슬보다 낮아야 손가락으로 구슬을 칠 수 있어요.
- 쇠구슬 1개로 유리구슬 5개를 치면 어떻게 될까요? 쇠구슬과 유리구슬을 섞어서 실험해 보세요.

구슬 1개로 치면 1개만 튕겨 나가는 이유는?

움직이는 물체는 멈춰 있는 물체보다 더 많은 에너지를 가지고 있어요. 이를 '운동 에너지'라고 해요. 이 운동 에너지는 다른 물체로 전달할 수 있어요.

움직이던 구슬이 가만히 있던 구슬을 만나면 가만히 있던 구슬에게 자신의 운동 에너지를 전달해요. 이 운동 에너지는 반대쪽 구슬까지 전달되어 반대쪽 구슬이 움직이는 원리예요.

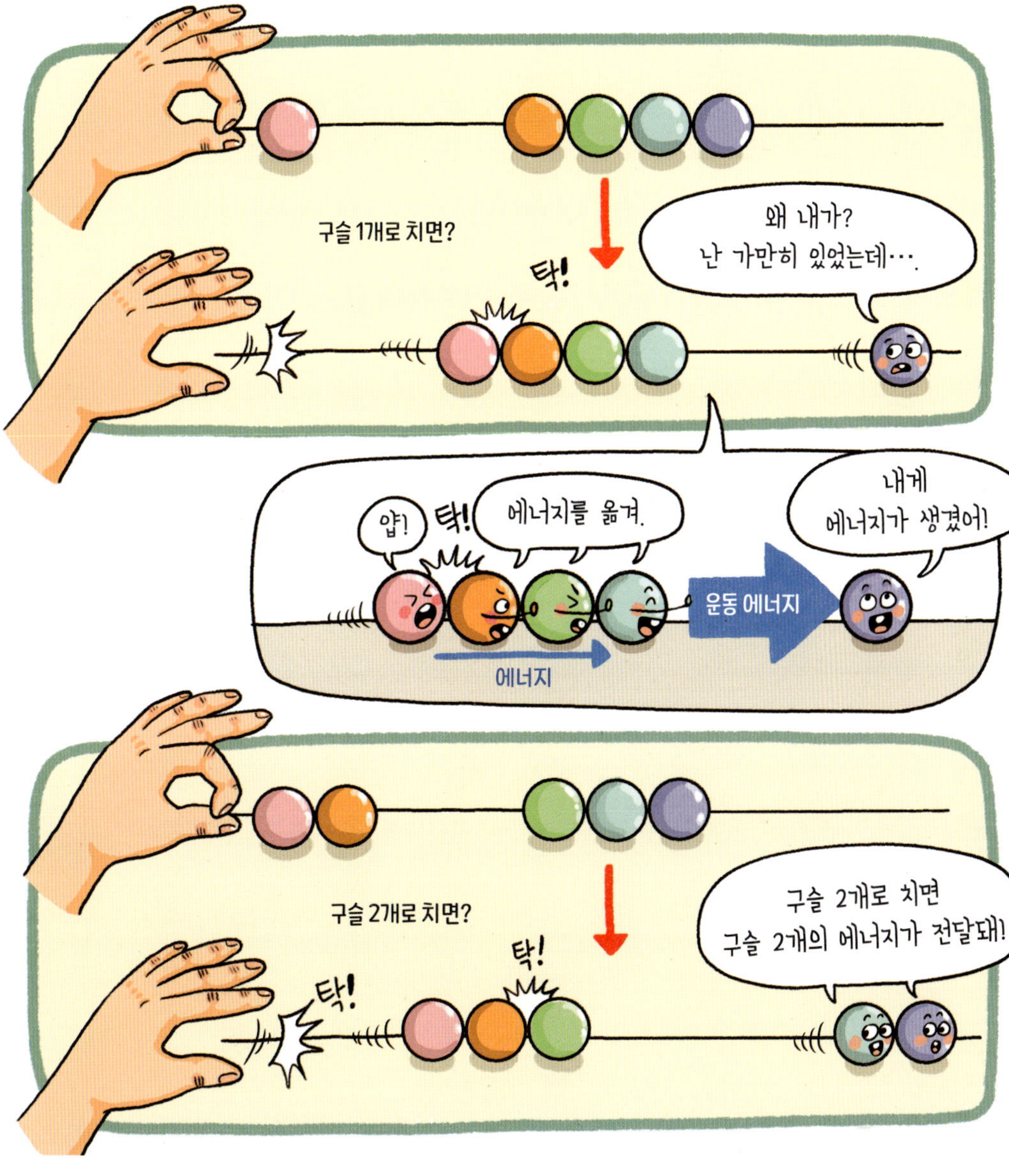

두근두근 실험 결과

왼쪽에서 구슬 1개로 치면 오른쪽에서 구슬이 1개 튕겨 나가요. 구슬 2개로 치면 오른쪽에서도 구슬이 2개 튕겨 나가요. 치는 구슬 개수만큼 반대쪽 구슬이 튀어 나갑니다.

구슬을 오른쪽에서 치면 왼쪽 구슬이 튀어 나가요!

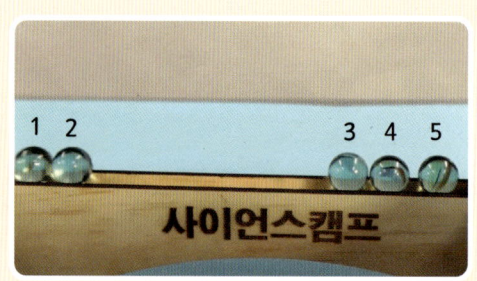

신기한 과학 이야기

에너지는 빛 에너지나 전기 에너지, 소리 에너지 등 다양한 형태로 바뀔 수 있어요. 운동 에너지처럼 말이지요. 놀이공원에서 타는 롤러코스터도 에너지를 활용하는 기구예요. 롤러코스터가 높은 곳에서 아래로 쑥 떨어질 때 위치 에너지가 운동 에너지로 바뀌어요. 이를 '에너지 전환'이라고 합니다.

더 알아봐요!

가로대 두 줄에 쇠공을 여러 개 연결한 '뉴턴의 요람'이라고 하는 장치도 운동 에너지가 전달되는 모습을 잘 보여 줍니다.

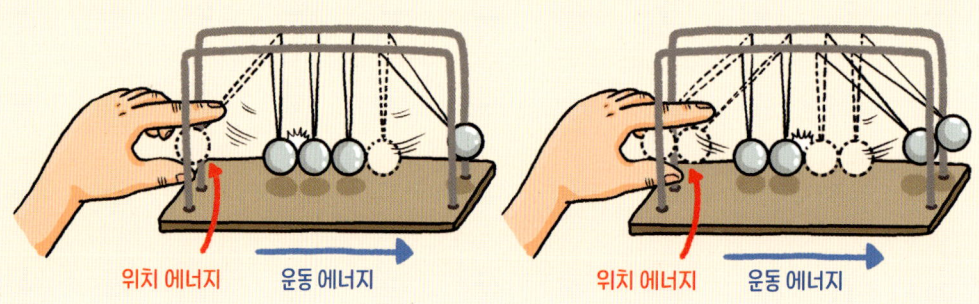

44 펑! 하고 터지는 종이 폭탄 만들기

교과 단원
3학년 2학기 5단원 소리의 성질

핵심 개념
소리, 진동, 파동

우르르 쾅쾅! 천둥 소리는 번개 때문에 뜨겁게 가열된 공기가 갑자기 팽창해 나는 소리입니다. 폭탄 소리도 화약이 한꺼번에 폭발하면서 공기가 팽창해 나는 소리이지요. 이 원리를 활용해 종이로 폭탄 소리를 만들어 친구들을 깜짝 놀라게 해 보세요.

준비물
- A4 용지 또는 달력

진동이 곧 소리임을 이해할 수 있어요.

이렇게 실험해요

1 종이를 가로로 반을 접어요. 펼친 다음 네 모서리를 가로 선까지 접어요.

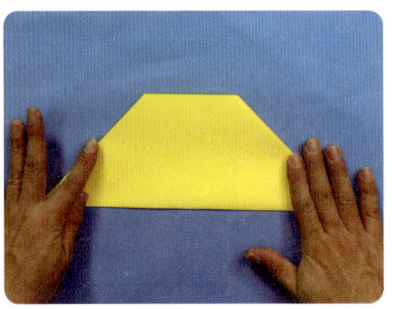

2 다시 가로로 반을 접어요.

3 세로로 반을 접었다가 펴요.

4 종이 양쪽 날개를 세로 선에 맞춰 위로 올려 접어요.

5 종이를 뒤집어서 반을 접으면 종이 폭탄 완성!

6 5번 사진의 왼쪽을 잡고 아래로 힘껏 내리쳐요.

건빵박사의 개념 정리

- **소리** : 소리는 물체가 진동하면서 주위의 매질(공기, 물 등)을 진동시켜 퍼져 나가는 현상. 음파가 귀에 들리는 것을 소리라고 해요.
- **진동** : 물체가 같은 시간 간격으로 앞뒤로 흔들리거나 움직이는 일이 반복되는 상태.
- **파동** : 한 곳에서 생긴 진동이 주위로 멀리 퍼져 나가는 현상.

잠깐!

- 종이 폭탄을 너무 세게 내리치면 종이가 찢어질 수 있습니다.
- 종이가 너무 얇으면 잘 찢어지고 너무 두꺼워도 잘 안 펴질 수 있어요. 적당한 두께의 종이로 실험하세요.

종이로 큰 소리를 어떻게 낼까?

종이 폭탄 끝을 잡고 위에서 아래로 강하게 내려치면 접힌 종이의 안쪽에 있던 종이가 펼쳐지면서 공기와 부딪쳐 큰 소리가 납니다. 큰 종이로 만들면 더 많은 양의 공기가 부딪혀 소리가 더 크게 나지요.

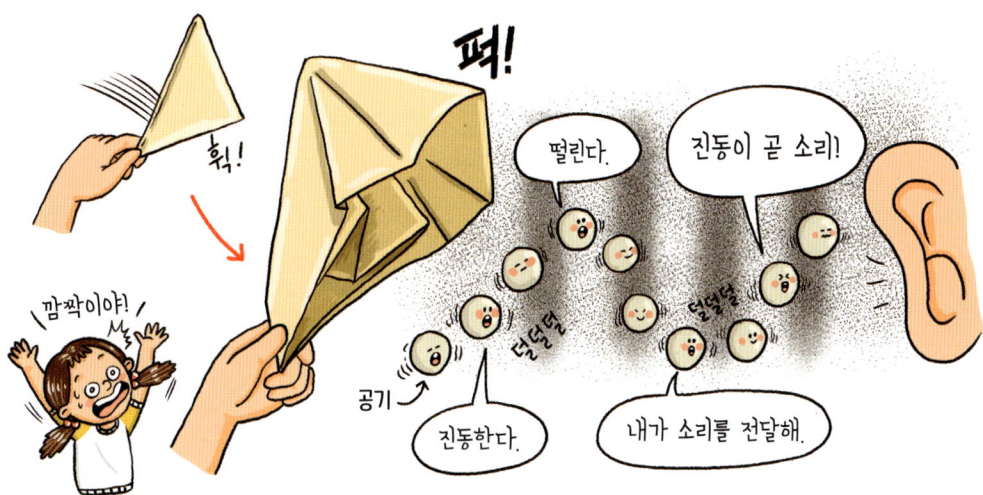

철봉을 치면 소리와 함께 철봉이 흔들려요. 악기나 사람의 목소리 전부 물체가 떨어서 내는 소리랍니다.

〈소리의 크기 비교〉

〈소리의 높낮이 비교〉

두근두근 실험 결과

종이를 아래로 힘껏 내리치면 안쪽에 접혔던 종이 일부가 펼쳐지면서 큰 소리가 납니다.

종이 폭탄이 펼쳐지면서 부딪혔던 주변 공기의 진동이 우리 귀에 전달되는 것입니다.

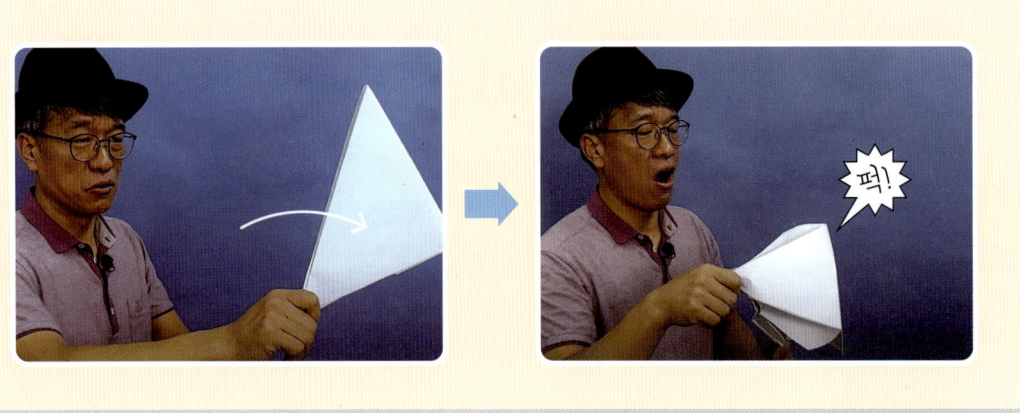

종이 종류	소리 크기
A4 종이	◉○○
두꺼운 도화지	◉◉○
벽걸이 달력	◉◉◉

더 알아봐요!

물체의 진동으로 공기가 떨리고 이 떨림이 귀까지 전달돼요. 귓바퀴에 모인 소리는 귓속의 고막을 떨게 합니다. 소리는 귓속의 여러 기관을 지나 청각 신경을 따라서 뇌까지 전달돼요.

고막

45 지폐 위에 연필을 올린다고요?

교과 단원
4학년 1학기 4단원 물체의 무게

핵심 개념
마찰력, 무게 중심, 수평

반듯하게 편 지폐 위에 연필을 올릴 수 있을까요? 과학 원리를 알면 쉽게 할 수 있어요. 마찰력과 무게 중심을 이용하는 것이지요. 지폐에 올린 연필의 균형을 잡는 비결은 무엇일까요?

준비물
- ✓ 지폐
- ✓ 연필
- ✓ 동전

균형을 맞추는 방법을 알아봐요.

이렇게 실험해요

1 지폐를 반으로 접었다가 살짝 편 다음에 연필을 올려요.

2 지폐를 천천히 펴 봐요. 연필과 일직선이 되었나요?

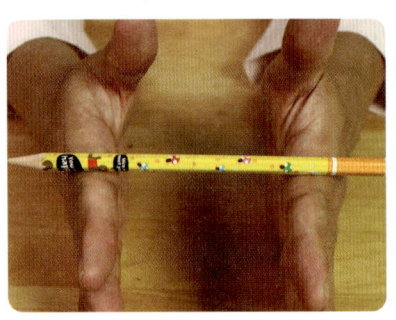

3 사진처럼 양손 위에 연필을 올려요.

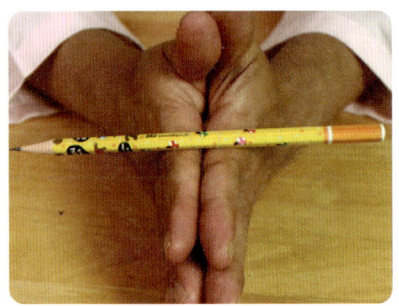

4 연필이 떨어지지 않도록 양손을 천천히 모아요.

건빵박사의 개념 정리

- **마찰력** : 두 물체가 접촉하는 면에서 물체의 운동 방향에 반대로 작용해 물체의 운동을 방해하는 힘. 접촉면의 거칠기가 강하고 물체의 무게가 커질수록 마찰력이 커져요.
- **무게 중심** : 물체가 균형을 이루는 지점이자 물체가 지닌 무게의 중심점이에요. 무게 중심에 물체를 놓으면 기울지 않아요.
- **수평** : 물체가 어느 한쪽으로 기울어지지 않고 균형이 맞는 평평한 상태. 물체의 받침점과 물체 사이의 거리를 조절해 수평을 잡아요.

잠깐!

- 지폐를 펼 때 천천히 펴야 연필이 잘 떨어지지 않아요.
- 일직선으로 펼 수 있는 새 지폐나 상품권, 종이를 사용해요.
- 둥근 연필보다 각진 연필을 사용하는 것이 좋아요.

지폐 위에서 연필이 안 떨어지는 이유는?

지폐를 펼 때 연필을 자세히 보면 지폐가 움직이면서 연필도 조금씩 움직입니다. 연필은 균형을 잡기 위해 움직이다가 지폐와의 마찰력이 커지면 멈추지요. 지폐를 천천히 펼치는 동안 연필의 무게 중심이 지폐와 맞닿은 아래쪽으로 이동해요. 따라서 연필을 위에 둔 채로 지폐를 일직선으로 펼칠 수 있습니다. 양손 위에 있는 연필도 마찰력에 따라 움직이다가 균형을 잡는 것을 볼 수 있어요.

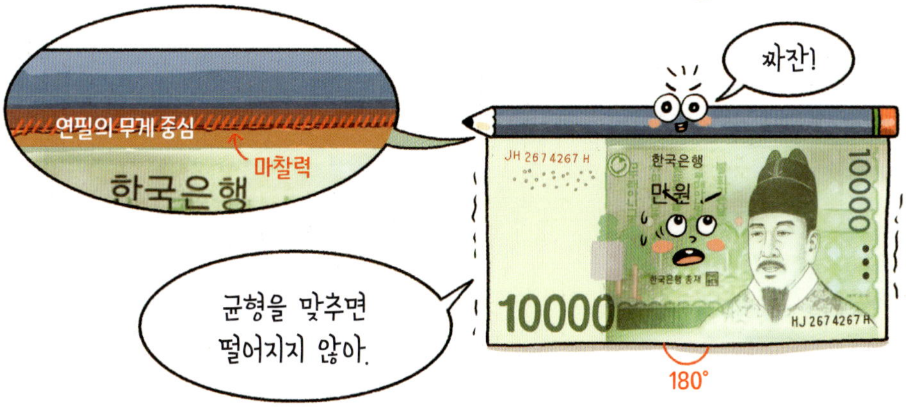

외줄 타는 재주꾼도 마찰력이 강한 신발과 줄을 사용해요. 또 줄 위에서 부채를 위아래로 움직이거나 팔을 벌려 균형을 잡는답니다.

두근두근 실험 결과

지폐를 천천히 펴면 연필이 떨어질 것 같지만 지폐가 일직선이 되어도 떨어지지 않습니다. 마찰력과 무게 중심 덕분이에요.

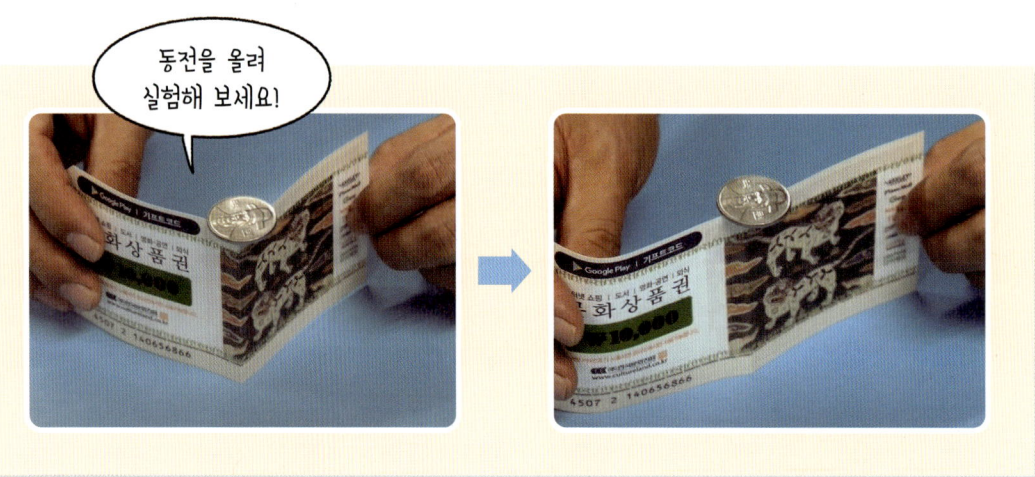

동전을 올려 실험해 보세요!

 다르게 실험해 봐요!

잠자리 모양으로 자른 종이의 무게 중심을 찾아보세요. 또 연필의 무게 중심은 어디일까요? 위치를 조금씩 옮기다 보면 무게 중심을 찾을 수 있어요.

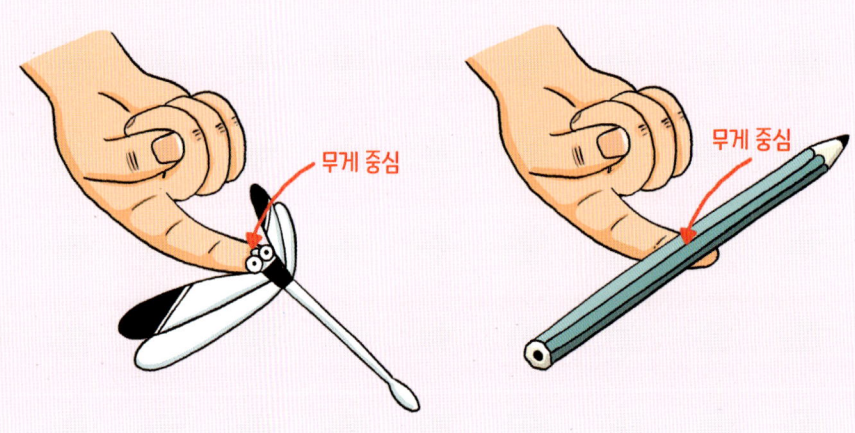

46. 달걀만 컵 속으로 풍덩!

교과 단원
5학년 2학기 4단원 물체의 운동 심화

핵심 개념
관성, 마찰

그네를 타다가 내려도 그네는 계속 움직여요. 움직이는 물체가 계속 움직이려고 하는 성질인 '관성' 때문이지요. 관성이 무엇인지 실험으로 알아봐요!

준비물
- 삶은 달걀 1알
- 휴지 심지 1개
- 플라스틱 접시
- 컵
- 물

일상생활에서 관성으로 일어나는 현상을 이해할 수 있어요.

이렇게 실험해요

1 컵에 물을 붓고, 컵 위에 접시와 휴지 심지, 달걀을 순서대로 올려요.

2 접시 끝을 잡아요.

3 접시를 재빠르게 잡아당겨요.

건빵박사의 개념 정리

- **관성** : 물체가 외부로부터 힘을 받지 않을 때, 정지해 있는 물체는 정지 상태를 계속 유지하려고 하고, 움직이고 있는 물체는 계속 움직이려고 하는 성질.
- **마찰** : 두 물체가 접촉했을 때 접촉면에서 움직임을 방해하는 현상.

잠깐!

- 접시는 가벼운 플라스틱 접시로 준비해요. 일반 접시는 유리컵을 깨뜨릴 수 있어 위험해요.
- 접시를 당길 때는 최대한 빠른 속도로 당겨요.
- 접시와 휴지 심지를 한 층 더 쌓아도 달걀만 떨어질까요? 실험해 봐요.
- 달걀이 떨어지면 깨질 수 있으니 삶은 달걀로 실험해요.

왜 달걀만 물에 빠질까?

멈춰 있는 물건은 멈춰 있으려고 하고, 움직이는 물건은 움직이려고 합니다. 이런 성질을 '관성'이라고 해요.

접시를 당기면 달걀은 정지한 상태로 있으려고 하지만 휴지 심지는 접시와 마찰이 생겨서 움직이려고 합니다. 따라서 가만히 있던 달걀만 물에 빠집니다.

달리던 버스가 갑자기 멈추면 몸이 앞으로 나아가려고 하는 현상 또한 버스는 정지하려고 하고 사람은 계속 앞으로 움직이려고 하는 관성 때문입니다.

실험 결과

접시를 잡아당기면 휴지 심지는 접시를 잡아당긴 방향으로 떨어져요. 휴지 심지 위에 있던 달걀만 컵 속으로 쏙 빠지고 맙니다.

 다르게 실험해 봐요!

카드와 동전, 펜 뚜껑 등으로 실험해 봐요. 작은 컵 위에 카드, 동전을 올려요. 카드를 빼도 되고 손가락을 튕겨 날려 보낼 수도 있어요. 동전은 어떻게 될까요? 컵으로 쏙 들어옵니다.

카드 위에 요구르트 병, 딱풀 등 올리고 싶은 물건 여러 가지를 쌓아 올려 보세요. 카드를 빼면 둘 다 컵으로 떨어질까요? 실험해 보세요!

이번에는 동전을 준비해요. 팔꿈치 위에 동전을 올려놓고 손으로 빠르게 잡아 보세요. 팔꿈치를 빠르게 내리면 공중에 뜬 동전을 잡을 수 있답니다. 이 동전 또한 멈춰 있으려고 하는 관성 때문에 잡을 수 있어요.

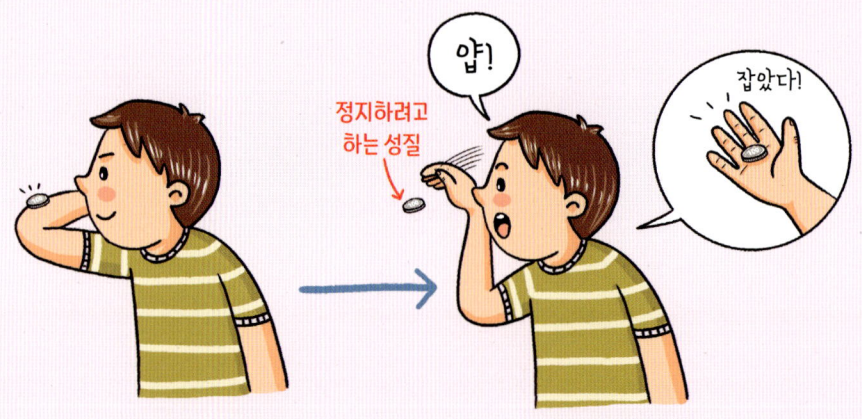

47 도전! 종이컵 위에 올라가기

교과 단원
4학년 1학기 4단원 물체의 무게

핵심 개념
무게, 힘, 힘의 분산

종이컵 위에 사람이 올라갈 수 있을까요? 종이컵이 부서지고 말까요? 종이컵 위에 올라가는 방법이 있어요! 단 종이컵이 여러 개 있으면 되지요. 종이컵이 몇 개 있어야 우리 몸무게를 버틸 수 있을까요? 함께 알아봐요!

준비물
- 아크릴 판(두꺼운 판)
- 종이컵 10개

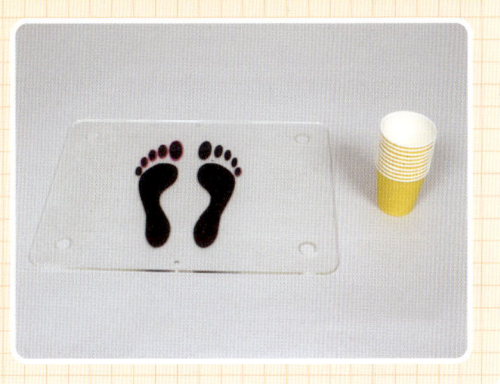

힘이 나누어지면 무거운 무게도 견딜 수 있음을 알 수 있어요.

이렇게 실험해요

1 종이컵 10개를 뒤집어서 바닥에 놓아요.

2 아크릴 판이나 두꺼운 책, 판지를 종이컵 위에 올려놓아요.

3 한 발씩 조심히 올라가 봐요.

4 종이컵이 잘 버틴다면 하나씩 빼면서 올라가 봐요.

건빵박사의 개념 정리

- **무게** : 지구가 물체를 끌어당기는 힘의 크기. 물체의 무거운 정도를 나타냅니다. 물체가 위치한 장소에 따라 값이 달라져요. 무게를 나타내는 단위에는 kg(킬로그램) 외에 N(뉴턴)도 있어요.
- **힘** : 물체의 빠르기나 방향 등 운동 상태, 모양을 변화시키는 원인을 '힘'이라고 해요.
- **힘의 분산** : 힘을 여러 곳으로 나누어 분산하는 일.

잠깐!

- 종이컵 위에 올라갈 때 판의 가운데로 천천히 올라가요.
- 처음에 종이컵을 많이 두었다가 하나씩 줄이며 실험할 수도 있어요.
- 종이컵을 한곳에 모아두기보다 일정하게 거리를 두는 게 좋아요. 힘을 잘 나누려면 컵을 놓을 위치를 잘 골라야 하지요.

종이컵이 사람 몸무게를 버티는 이유는?

종이컵 1개 위에 사람이 올라가면 종이컵이 쉽게 찌그러지지만 종이컵 10개 위에 올라가면 찌그러지지 않아요. 사람 몸무게, 즉 힘이 10분의 1로 나뉘기 때문에 종이컵 위에 올라갈 수 있습니다.

주의! 친구를 잡아 줄 때는 판 아래쪽에 발을 넣지 않도록 조심해요.

실험 결과

종이컵 2개 위에 올라가면 종이컵이 바로 찌그러져요. 하지만 종이컵을 10개 둔 다음 올라가면 찌그러지지 않아요. 종이컵을 많이 둘수록 무거운 무게까지 버텨요.

보통 종이컵 한 개가 버틸 수 있는 힘은 약 8kg이에요. 종이컵이 크거나 코팅되어 있다면 더 튼튼할 거예요.

종이컵 개수	종이컵의 변화
1개	찌그러짐
2개	찌그러짐
3개	찌그러지지 않음
4개	찌그러지지 않음
5개	찌그러지지 않음

(몸무게 20kg 기준)

다르게 실험해 봐요!

달걀과 종이를 준비해요. 양쪽 발바닥에 종이를 붙인 다음 달걀 위로 올라가 천천히 걸어 보세요. 종이컵 여러 개에 무게가 나뉜 것처럼 달걀 여러 개로 몸무게가 나뉘어요. 힘이 분산되는 덕분에 달걀을 깨뜨리지 않고 걸을 수 있는 것이지요.

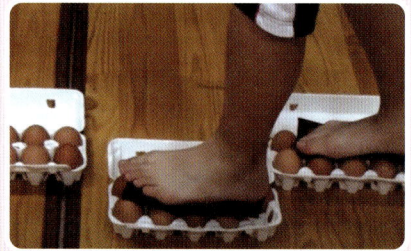

신기한 과학 이야기

눈이 많이 오는 지역에 사는 사람들은 눈 위를 걸을 때 발이 눈에 빠지지 않도록 신발 바닥에 '설피'라는 넓적한 덧신을 신었어요. 설피는 눈과 닿는 면적이 넓기 때문에 사람 몸무게를 분산해요. 스키를 탈 때 눈에 빠지지 않는 이유도 스키의 면적이 넓기 때문이지요. 또 자동차 바퀴와 책상 다리가 4개인 이유도 힘을 분산하기 위해서예요.

48 꿈틀꿈틀 움직이는 애벌레

교과 단원
4학년 1학기 4단원 물체의 무게

핵심 개념
마찰력, 탄성력

평평한 색종이를 책상 위에 놓고 바람을 불면 날아갑니다. 하지만 색종이를 접어 애벌레를 만들면 꿈틀꿈틀 움직이도록 할 수 있습니다. 함께 만들어 볼까요?

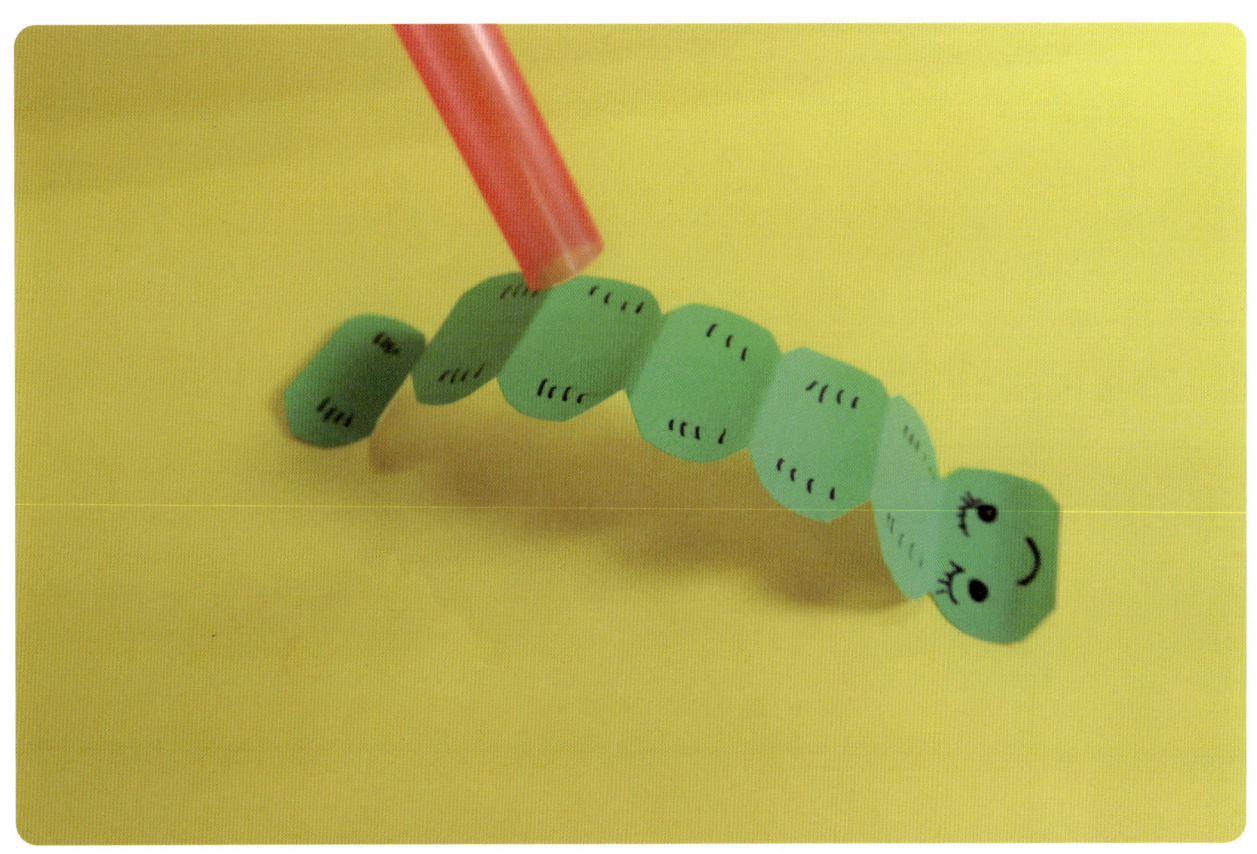

준비물
- 빨대
- 네임 펜
- 가위
- 색종이

색종이의 탄성력을 관찰해 봐요.

이렇게 실험해요

1 색종이를 4등분으로 잘라요.

2 한 장을 가로로 반을 접어요.

3 색종이를 펴서 위아래를 가로 선에 맞춰 접어요.

4 한 번 더 위아래를 가로 선에 맞춰 접은 다음 반을 접어요.

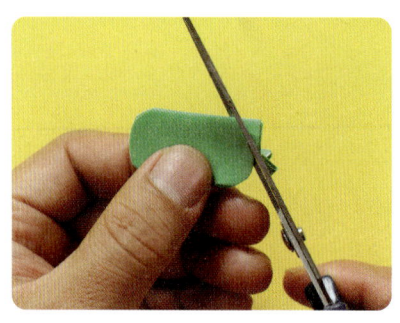

5 네 모서리를 둥글게 잘라요.

6 색종이를 펴고 애벌레를 그려요. 애벌레 위에서 빨대로 불어 봐요. 잘 움직이나요?

건빵박사의 개념 정리

- **마찰력**: 두 물체가 접촉하는 면에서 물체의 운동 방향에 반대로 작용해 물체의 운동을 방해하는 힘. 접촉면의 거칠기가 강하고 물체의 무게가 커질수록 마찰력이 커져요.
- **탄성력**: 탄성체에 힘을 주었다가 없앨 때 원래 모양이나 상태로 되돌아가려는 힘.

잠깐!

- 빨대로 바람을 불 때 너무 세게 불면 애벌레가 바닥에 달라붙거나 미끄러져요. 앞으로 움직일 만큼 살살 불어 봐요.
- 유리판 위에서는 애벌레가 미끄러질 거예요. 종이나 책상 위에서 실험하세요.
- 빨대를 애벌레 등 쪽에 대고 살짝 대각선으로 불어요. 그래야 앞으로 잘 나아가요.

바람을 불어도 다시 일어나는 애벌레의 비밀

색종이에도 고무처럼 원래 모양이나 상태로 돌아가려는 힘인 탄성력이 있어요. 바람으로 애벌레 몸통이 바닥에 붙었다가도 종이의 탄성력 덕분에 다시 일어나면서 앞으로 움직여요.

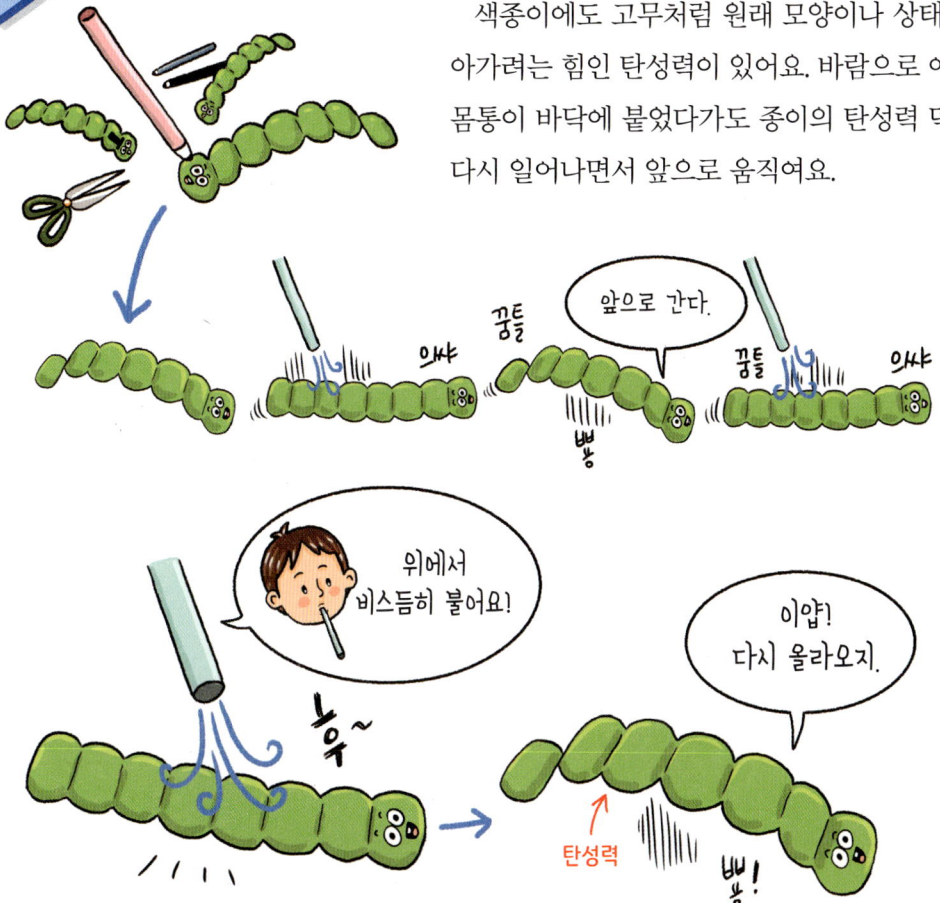

애벌레가 미끄러지지 않고 조금씩 앞으로 나아가는 이유는 색종이와 책상 사이에 마찰력이 작용하기 때문입니다. 마찰력은 물체가 어떤 면과 접촉해 운동할 때 물체의 운동을 방해하는 힘을 말해요.

두근두근 실험 결과

애벌레 위에서 빨대로 바람을 불면 애벌레 몸통이 내려갔다 금방 올라와요. 접힌 모양으로 돌아온 것이지요. 몸통이 위아래로 움직이면서 앞으로 조금씩 나아갑니다.

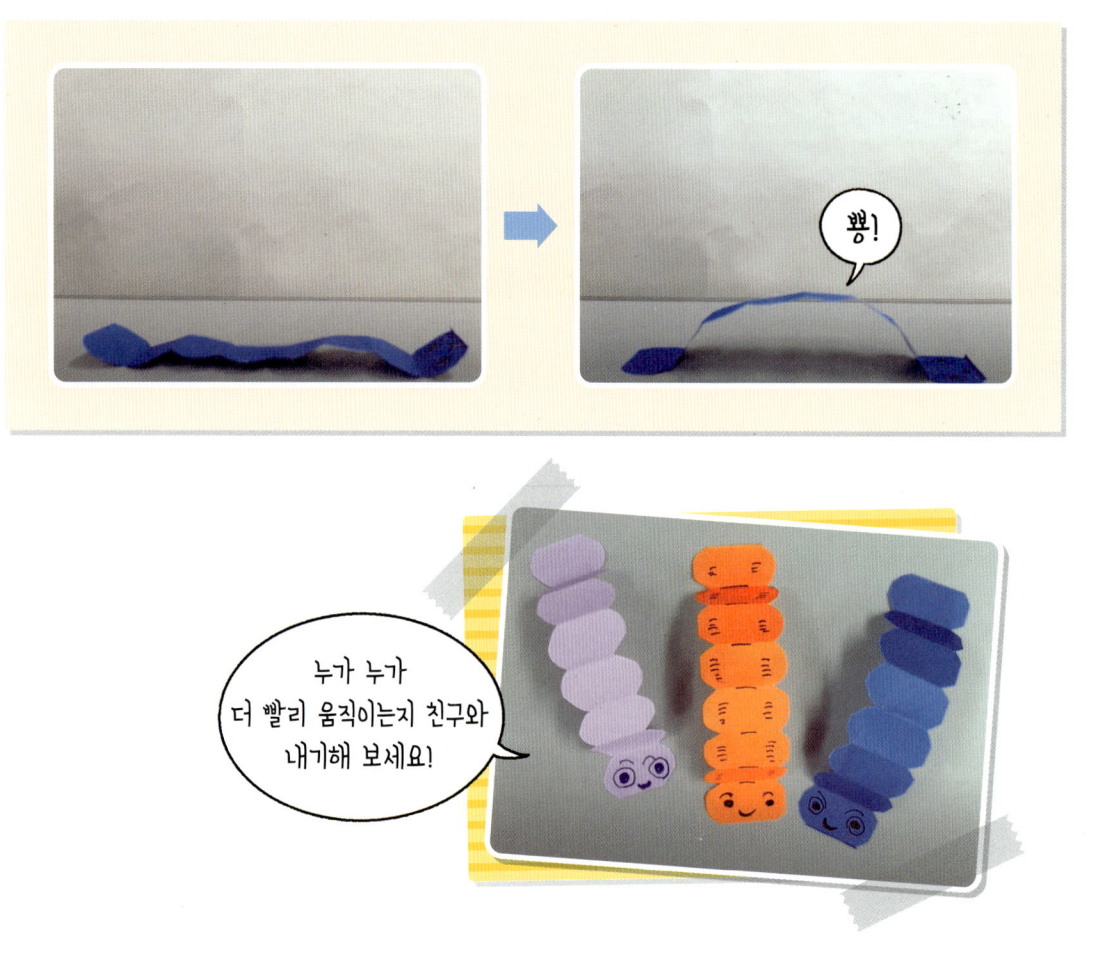

신기한 과학 이야기

마찰력이 없다면 어떤 일이 일어날까요? 걸어다닐 수 없을 거예요. 식용유를 뿌린 얼음판 위를 걷는 것 같겠지요? 마찰력이 없다면 밥을 먹을 때 숟가락이나 젓가락을 제대로 집을 수 없을뿐더러 밥알도 여기저기 다 흘러내릴 거예요! 하늘에서 떨어지는 비 역시 공기와의 마찰이 없다면 더욱 빨리 떨어질 거예요. 비를 맞고 병원에 가야 할 수도 있어요. 마찰력이 없으면 안 되는 상황을 더 떠올려 보세요.

49. 세제 한 방울이면 보트가 슝!

교과 단원
3학년 2학기 4단원 물질의 상태

핵심 개념
계면 활성제, 응집력, 표면 장력

보트에 손을 대거나 바람을 불지 않고 보트가 앞으로 가게 하는 간단한 방법이 있습니다. 주방 세제 한 방울이면 보트가 슝 하고 앞으로 가지요. 어떤 원리일까요?

준비물
- 후추 가루
- 주방 세제
- 우유팩 또는 코팅된 종이
- 스포이트 또는 면봉
- 접시
- 가위

물의 여러가지 힘을 확인할 수 있어요.

이렇게 실험해요

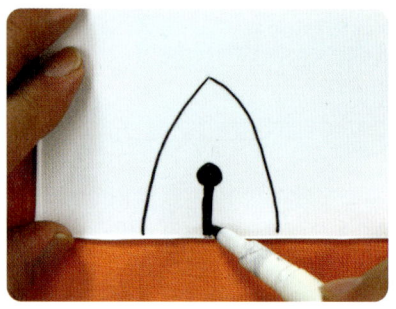

1 우유팩에 보트를 그려요.

2 가위로 보트를 잘라요.

3 접시에 물을 부은 다음 위에 후추 가루를 골고루 뿌려요.

4 보트를 물 위에 띄워요. 보트 구멍에 스포이트로 세제를 한 방울 뿌려요.

5 보트가 어떻게 움직이는지 관찰해 보세요.

건빵박사의 개념 정리

- **계면 활성제 :** 친수성(물과 친한 성질)과 소수성(물과 친하지 않은 성질) 성분을 둘 다 가지고 있어서 물과 기름을 잘 섞이게 해 주는 물질. 표면 장력을 감소시킵니다.
- **응집력 :** 액체나 고체에서 물질을 이루는 원자나 분자 알갱이들이 서로 끌어당기는 힘.
- **표면 장력 :** 액체의 표면이 가능한 한 작은 면적에 있으려는 힘. 물체 속 분자 사이에 끌어당기는 힘인 인력으로 액체의 표면에 생기는 응집력을 말해요.

잠깐!

- 실험할 때마다 물을 갈아 주세요. 한 번 세제를 뿌린 물에는 세제 막이 생겨 다시 사용하기 어렵습니다.
- 후추 가루 대신 베이비 파우더를 뿌려도 좋아요.

세제는 어떻게 보트를 움직였을까?

보트 구멍에 세제를 떨어뜨리면 보트가 앞으로 움직입니다. 세제에 들어 있는 계면 활성제가 보트 구멍 쪽 물의 표면 장력을 약하게 만들었기 때문입니다. 보트 뒤쪽 물의 표면 장력이 약해지는 동시에 표면 장력이 살아 있는 보트 앞쪽의 물들이 보트를 잡아당겨 보트는 앞쪽으로 움직이게 됩니다.

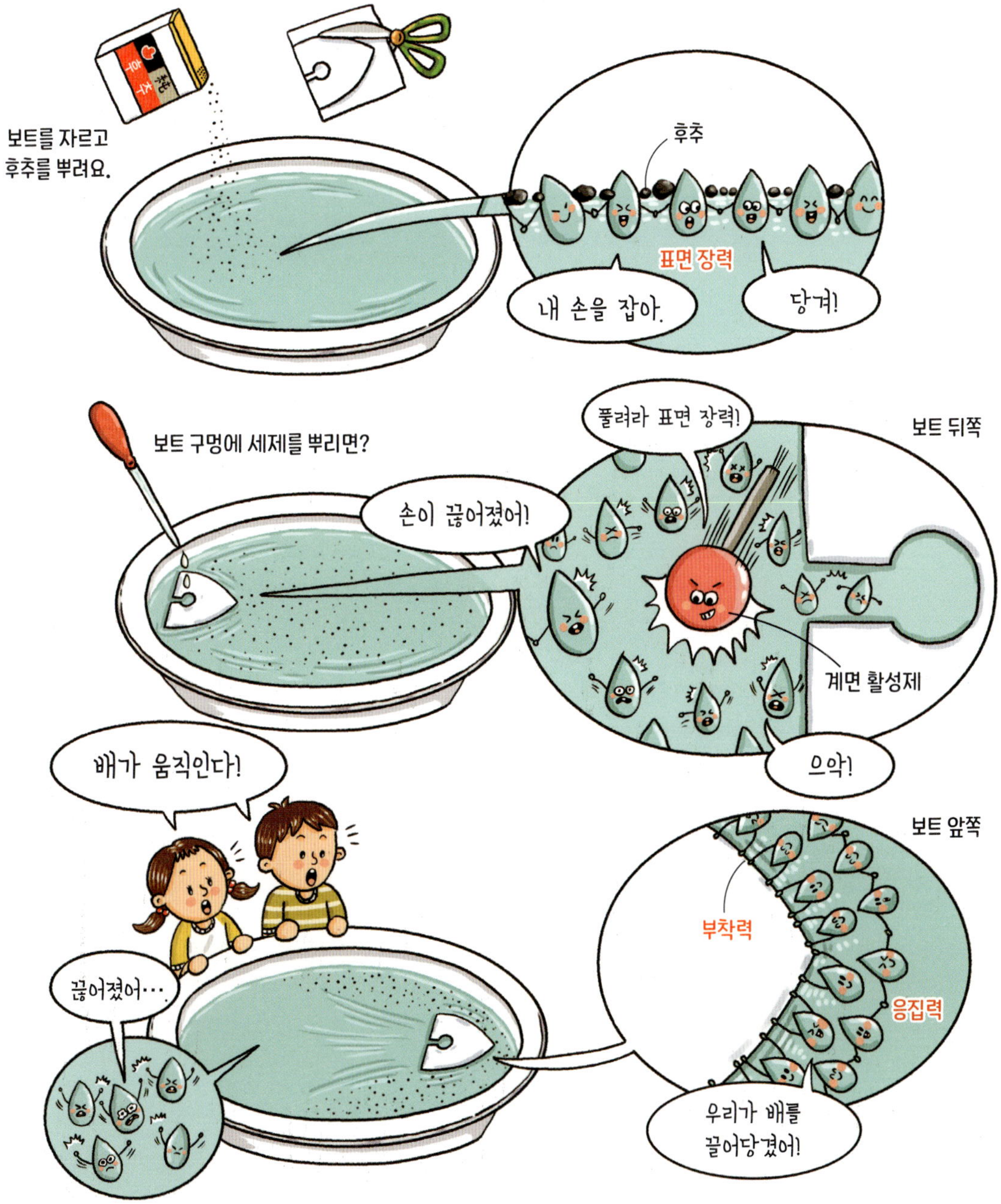

보트를 자르고 후추를 뿌려요.

후추
표면 장력
내 손을 잡아.
당겨!

보트 구멍에 세제를 뿌리면?

풀려라 표면 장력!
보트 뒤쪽
손이 끊어졌어!
계면 활성제
으악!

배가 움직인다!
끊어졌어…

보트 앞쪽
부착력
응집력
우리가 배를 끌어당겼어!

보트 구멍에 세제를 떨어뜨리면 보트가 앞으로 나아가요. 동시에 물 위에 떠 있던 후추들도 양옆으로 갈라집니다. 마치 수상 보트가 물살을 가르며 앞으로 나아가는 것처럼 움직여요.

다르게 실험해 봐요!

물 위에 참깨나 베이비 파우더를 뿌려 봐요. 보트 구멍에 세제를 넣어요. 물이 어떻게 갈라지나요?

참깨를 뿌린 물

베이비 파우더를 뿌린 물

 신기한 과학 이야기

계면 활성제는 천연 계면 활성제도 있고 화학 계면 활성제도 있어요. 계면 활성제는 다양한 생활 용품에 들어 있는데, 이 둘을 구분할 수 있는 방법이 있어요. 달걀흰자만 있으면 됩니다.

천연 계면 활성제와 화학 계면 활성제에 달걀흰자를 넣고 섞어 봐요. 달걀흰자의 색이 변하지 않으면 천연 계면 활성제, 달걀흰자가 응어리지면서 색이 변하면 화학 계면 활성제랍니다.

50 미로 탈출! 자석 자동차

교과 단원
3학년 1학기 4단원 자석의 이용

핵심 개념
자기력, 자석, 자성

부릉~ 부릉~ 부르릉~. 자동차가 움직이면서 미로를 탈출해요. 어떤 힘으로 움직일까요? 비밀은 자석에 있습니다. 자석 자동차를 만들어 볼까요?

준비물
- 자, 자석
- 미로 그림 [부록]
- 자동차 그림 [부록]
- 상자
- 풀, 클립, 가위
- 양면테이프
- 투명 테이프
- 투명 파일

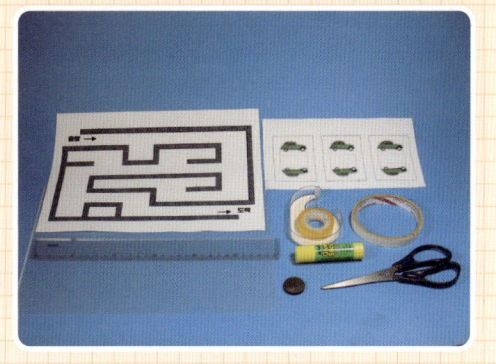

자석에 철과 같은 쇠붙이를 끌어당기는 힘이 있음을 알 수 있어요.

이렇게 실험해요

부록의 도안 ③, ⑤를 활용하세요.

1 자동차 그림을 뒤집어 가운데에 클립을 붙인 다음 위아래에 풀칠을 해요.

2 풀칠한 부분을 붙이고 자동차 그림을 접어 세워요.

3 자 끝에 양면테이프로 자석을 붙여요.

4 미로 그림을 투명 파일에 넣고 상자 위에 붙여요.

5 미로 아래에 자를 넣어 자동차 그림을 움직여 보세요.

건빵박사의 개념 정리

- **자기력**: 자석과 자석 사이 또는 자석과 쇠붙이 사이에 작용하는 힘. 쇠붙이에 자석을 가까이 대면 쇠붙이가 자석에 붙어요.
- **자석**: 철과 같은 쇠붙이를 끌어당기는 자성을 지닌 물체. 자연에서 발견되는 자철석이라는 광물로 만든 자석을 천연 자석이라 해요. 인공적으로 만들기도 합니다.
- **자성**: 자기를 띤 물체가 가지는 여러 가지 성질. 자석을 두 개로 잘라도 각각 자석의 성질을 유지해요.

잠깐!

- 자동차에서 클립이 떨어지지 않도록 테이프를 잘 붙여요.
- 재미난 미로를 직접 그려 봐요.
- 자동차를 하나 더 만들어서 친구와 경주해 보세요.
- 자석이 달린 자를 파일이나 상자 아래에 넣어 움직여도 돼요.

자동차를 움직이는 힘의 비밀

자동차에 붙인 클립 덕분이에요. 철로 된 물체인 클립, 못, 용수철, 옷핀, 가위 등은 자석에 붙는 성질을 가지고 있어요. 따라서 자동차가 자석이 붙은 자를 따라 움직인답니다.

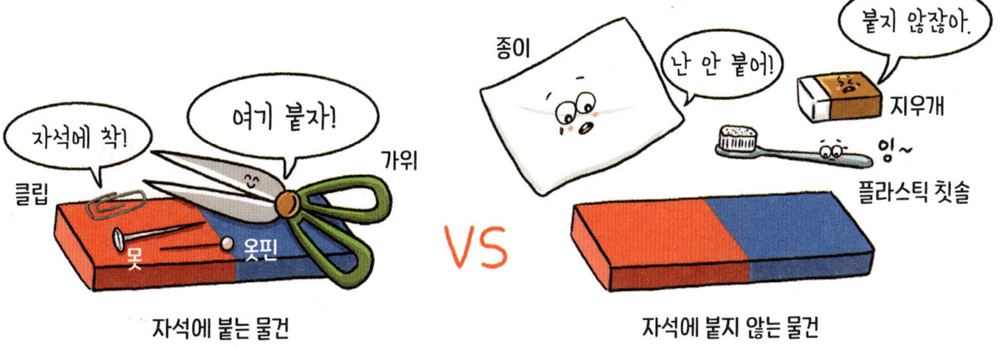

두근두근 실험 결과

미로를 그린 종이나 상자 아래에 자를 넣고 자동차를 움직여 보세요. 자동차가 자를 따라 움직일 거예요. 클립이 자석에 붙기 때문에 미로 위에서 자동차가 움직일 수 있습니다.

미로 그림 아래에서 자를 움직이고 있어요!

다르게 실험해 봐요!

자에 자석을 두 개 붙이면 더 빨라질까요? 큰 자석을 쓰면 더 빨라질까요? 자석의 수와 크기를 다르게 해서 실험해 보세요.

자동차에도 자석을 붙여 같은 극끼리 밀어내는 힘인 척력을 이용해서 자동차를 움직이는 방법도 있어요. 자동차의 자석과 자의 자석을 같은 극끼리 마주 보게 한 다음 이리저리 움직여 보세요. 자동차의 뒤쪽에 자석을 대야 자동차가 앞으로 잘 나갈 거예요.

부록: 신나는 과학 탐구활동

과학 실험 보고서, 관찰 실험 보고서, 도안

실험을 잘 마무리했나요? 과학 실험 보고서를 작성해 봐요! 실험 과정을 단계별로 정리하면서 새로 배운 과학 원리를 복습할 수 있어요. 다음 실험을 할 때도 좋은 참고 자료가 됩니다.

실험에 필요한 도안이 담겨 있어요. 도안을 잘라 실험에 활용하세요! 가위로 자를 땐 손이 베지 않도록 조심해요.

실험 보고서는 이렇게 써요!

1 제목은 정확하게 쓰기
보고서에 가장 먼저 쓰는 것은 제목이에요. 제목만으로 실험 내용을 추측할 수 있어야 하지요. 제목은 간결하고 정확하게 써요.

2 스스로 실천할 수 있는 목표 세우기
혼자서도 충분히 할 수 있는 실험 목표를 세워요. 이 실험으로 얻고자 하는 내용을 구체적으로 적어요.

3 작은 준비물까지 적어 두기
실험하기 전에 준비물을 잘 챙겨 두어요. 실험이 끝난 뒤에도 준비물을 잘 적어 두어야 다음 실험을 할 때도 참고할 수 있어요.

4 결과는 있는 그대로 기록하기
실험 결과가 예상한 것과 다르게 나왔다고 해서 결과를 바꾸거나 고치지 않아요. 결과는 사실만을 적어요.

5 의문점과 더 탐구하고 싶은 점 적기
실험하면서 떠올렸던 궁금한 점과 더 알고 싶은 점을 적어요. 새로운 탐구를 이끌어 내는 원동력이 될 거예요.

6 도움받은 자료 정리하기
실험의 신뢰도를 높여 줘요. 다른 실험을 할 때 참고할 수 있을 뿐 아니라 실험 보고서를 읽는 친구들에게도 큰 도움이 되지요.

과학 실험 보고서

가장 흥미로웠던 실험은 어떤 실험이었나요? 실험 보고서를 작성해 보세요. 보고서를 쓰면서 실험 속 과학 개념과 원리를 완벽히 이해할 수 있어요!

실험 제목		실험 날짜	
교과 단원			
실험 순서			
실험 결과			
과학 개념 및 원리 정리			
느낀 점			
주의할 점		도움받은 자료	

관찰 실험 보고서

주변에서 관찰할 대상을 찾아보세요. 꽃이나 나무, 강아지, 바나나, 젖은 수건 등 관찰 대상은 셀 수 없이 많아요. 관찰 보고서는 자세하고 정확하게 기록해야 해요. 꾸준하게 관찰하는 노력도 필요하지요. 시간이 지나면서 변화가 있었는지, 있었다면 어떤 변화였는지 적어 보세요. 그림을 그려도 좋아요.

실험 제목	
관찰 목표	
관찰 대상	
관찰 날짜	장소

관찰 ①	관찰 ②
관찰 ③	관찰 ④

결과	
과학 개념 및 원리 정리	
도움받은 자료	

도안 ①
11번 실험 57쪽에 사용하세요.

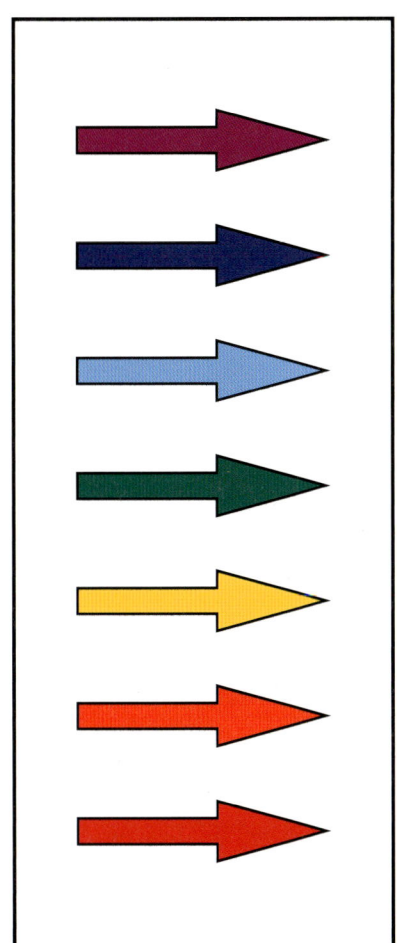
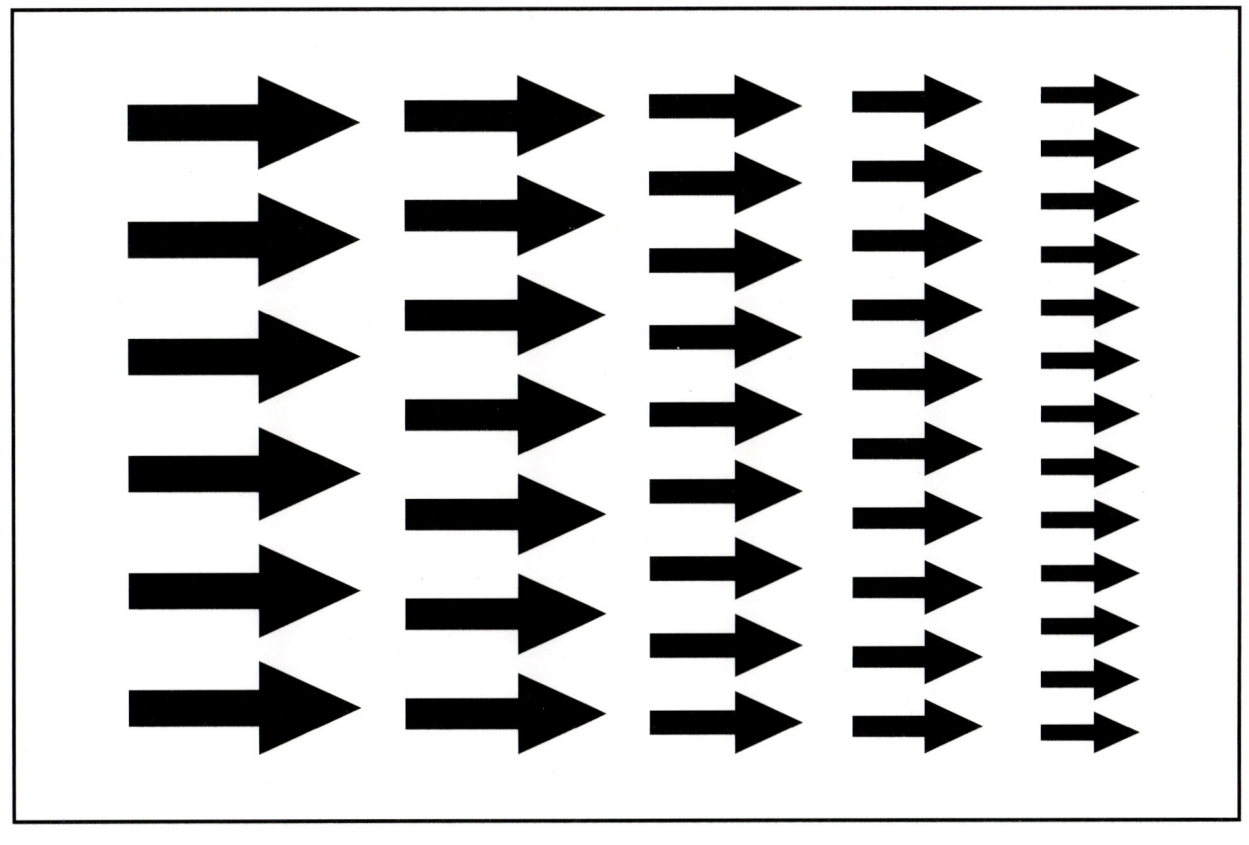

도안 ②
25번 실험 115쪽에 사용하세요.

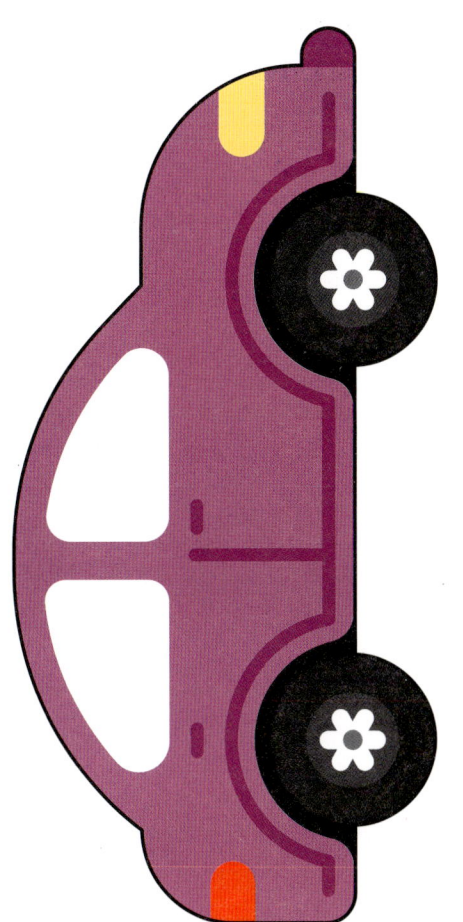

도안 ③
50번 실험 219쪽에 사용하세요.

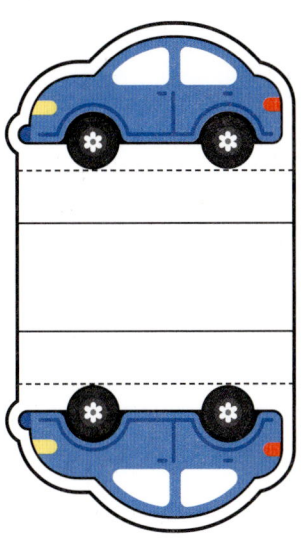
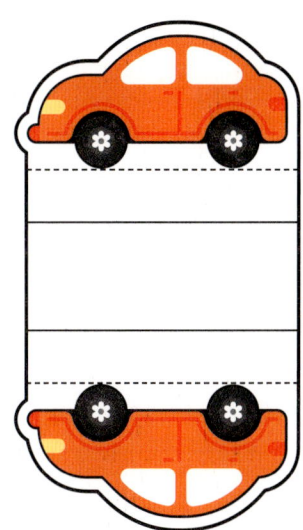

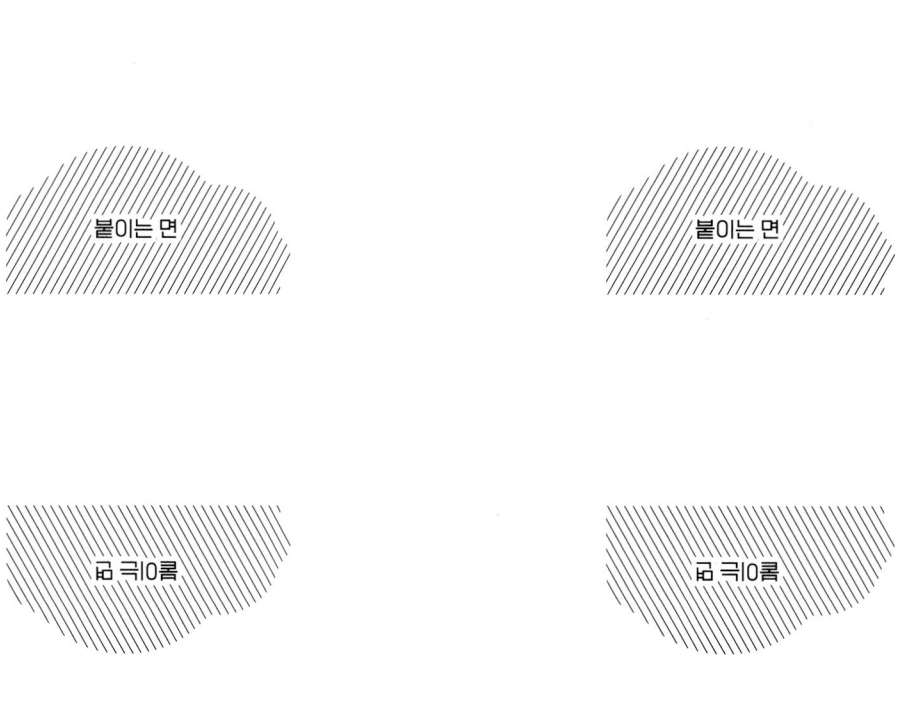

도안 ⑤

34번 실험 153쪽에 사용하세요.

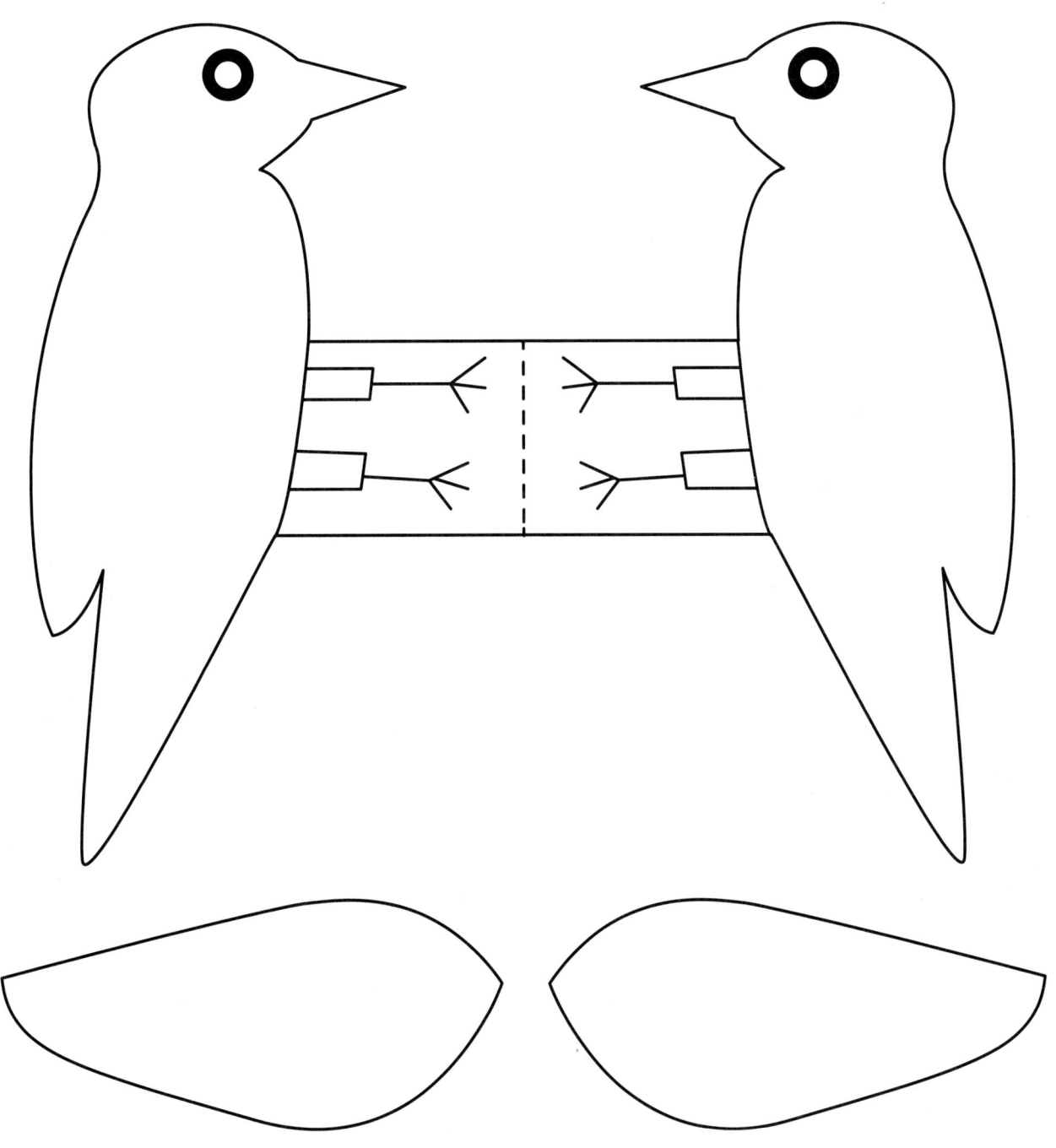

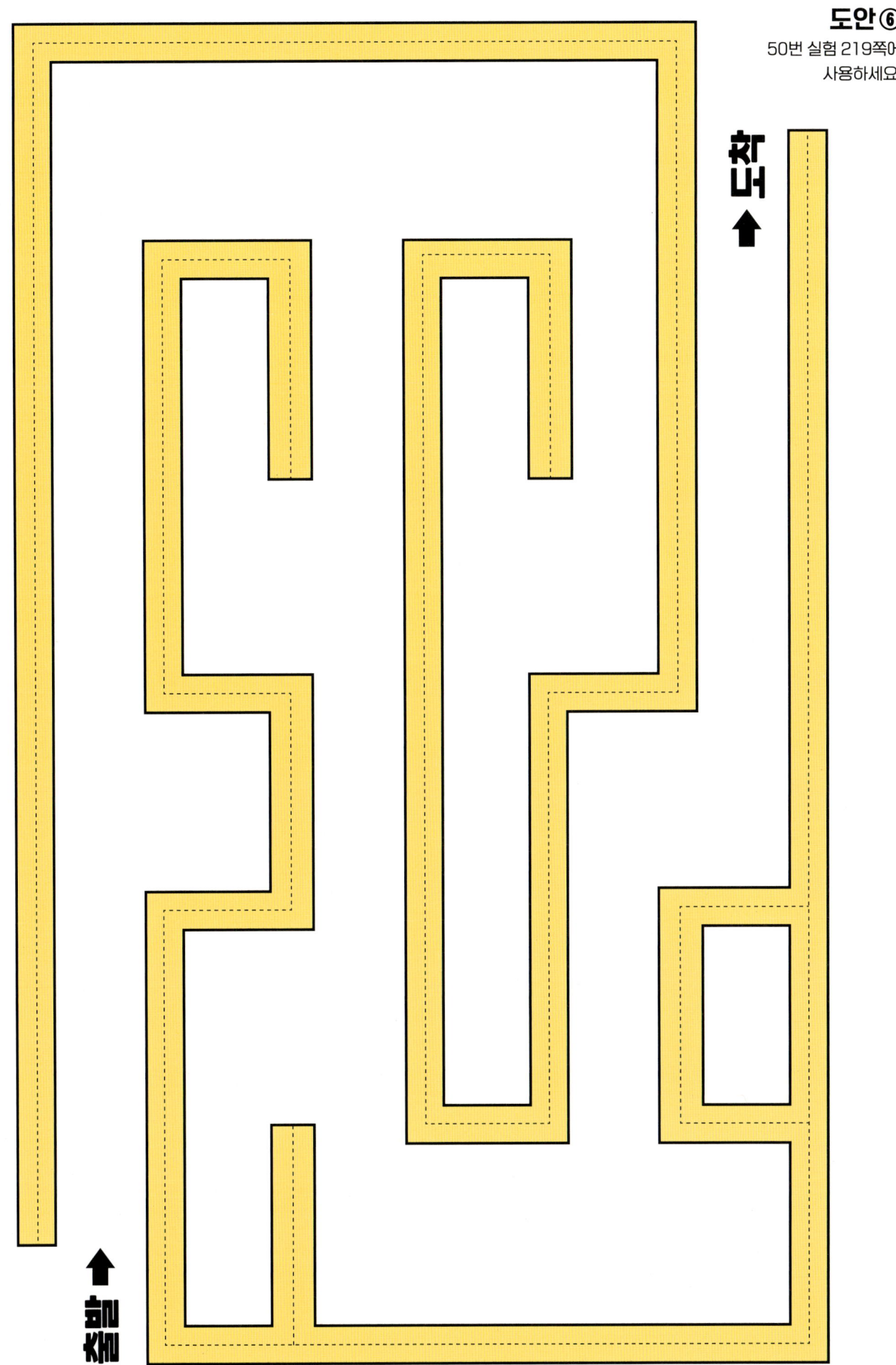

도안 ⑥
50번 실험 219쪽에 사용하세요.

도안 ⑦

21번 실험 99쪽에 사용하세요.

더 많은 실험 도안을 살펴보세요!

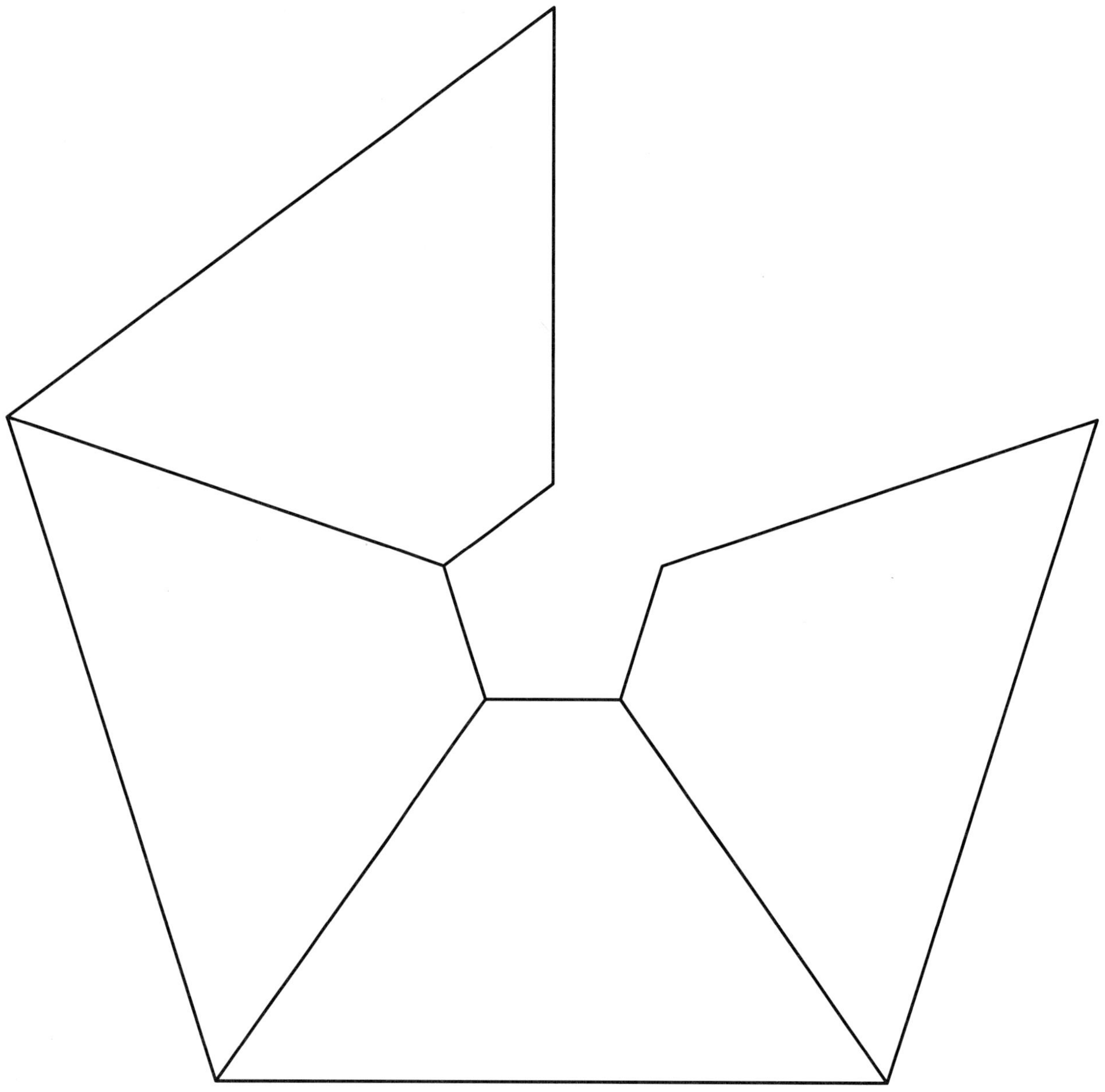

도움받은 자료

국내 도서

《과학대백과》, 이범홍 외 지음, 삼성출판사, 2002년

《나는야 과학마술사》, 야마무라 신이치로 감수, 최윤정 옮김, 주니어골든벨, 2015년

《어린이 과학백과》, 편집부, U&K 지음, 예림당, 2009년

《초등과학 개념사전》, 정지숙 외 지음, 이준호 외 감수, 아울북, 2015년

《초등학생을 위한 요리 과학실험실》, 김해진 외 감수, 바이킹, 2020년

《탐구하는 아이를 위한 사이언스 friend》, 이형원 지음, 교원, 2009년

외국 도서

《과학놀이 대도감》, 츠다 연코 지음, 호소가와 루미코 그림, 오쓰키서점, 1997년, ISBN 978-4-272-61087-7

《덴지로 선생님의 두근두근 과학 실험》, 요네무라 덴지로 감수, 닛토서원본사, 2018년, ISBN 978-4-528-02009-2

《부모님과 아이가 함께 논다! 과학 마술》, 과학마술창작실 편집, 다케쇼보, 2004년, ISBN 978-4-8124-1970-0

《수제품 장난감 대도감》, 스가와라 미치히코 외 지음, 오쓰키서점, 1995년, ISBN 978-4-272-61067-9

《통째로 우유팩 재활용 공작랜드》, 기무라 켄 지음, 이카다샤, 2000년, ISBN 978-4-87051-096-0

《175 More Science Experiments to Amuse and Amaze Your Friends》
테리 캐시 외 지음, 랜덤하우스, 1991년, ISBN 978-0-679-80390-4

《175 Science Experiments to Amuse and Amaze Your Friends》
브렌다 월폴 지음, 랜덤하우스, 1988년, ISBN 978-0-394-89991-1

《Awesome Engineering Activities for Kids : 50+ Exciting STEAM Projects to Design and Build》
크리스티나 헤르케르트 슐 지음, 록리지프레스, 2019년, ISBN 978-1-64152-369-1

《Awesome Science Experiments for Kids : 100+ Fun STEM Projects and Why They Work》
크리스털 채터턴 지음, 록리지프레스, 2018년, ISBN 978-1-93975-466-0

도움받은 사이트

사이언스카페, 유레카창의융합센터 - http://sciencecafe.co.kr

네이버 물리학백과, 한국물리학회 - https://terms.naver.com/list.naver?cid=60217&categoryId=60217

네이버 화학백과, 대한화학회 - https://terms.naver.com/list.naver?cid=62802&categoryId=62802

KISTI의 과학향기 칼럼, KISTI - https://terms.naver.com/list.naver?cid=60335&categoryId=60335

• **도움 주신 분들**: 고중곤, 김병삼, 김혜규, 박영록, 신현석, 심재헌, 이성만, 이춘석, 이태운, 장우양

STEAM
초등과학
실험캠프

신나는 과학 탐구활동 교과서

1판 1쇄 펴낸 날 2022년 3월 15일
1판 3쇄 펴낸 날 2023년 9월 25일

지은이 조건호
그림 민재회

펴낸이 박윤태
펴낸곳 보누스
등록 2001년 8월 17일 제313-2002-179호
주소 서울시 마포구 동교로12안길 31 보누스 4층
전화 02-333-3114   **팩스** 02-3143-3254   **이메일** viking@bonusbook.co.kr
블로그 http://blog.naver.com/vikingbook   **인스타그램** @viking_kidbooks

ⓒ 조건호, 2022
• 이 책은 저작권법에 의해 보호를 받는 저작물이므로 무단전재와 무단복제를 금합니다. 이 책에 수록된 내용의 전부 또는 일부를 재사용하려면 반드시 지은이와 보누스출판사 양측의 서면동의를 받아야 합니다.

ISBN 978-89-6494-539-1 73400

바이킹은 보누스출판사의 어린이책 브랜드입니다.

• 책값은 뒤표지에 있습니다.

초등학생을 위한 탐구활동 교과서

교과서 잡는 바이킹 시리즈

교과서가 재밌어진다! 공부가 쉬워진다!

- 초등 교과 연계 도서
- 초등학생 필독서
- 어린이 베스트셀러

우수 과학도서
STEAM 초등 과학 실험 캠프
조건호 지음 | 민재회 그림

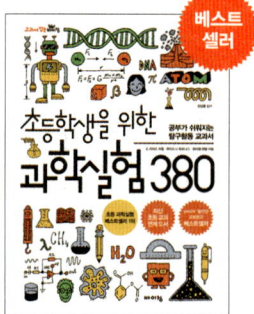
베스트셀러
초등학생을 위한 과학실험 380
E. 리처드 처칠 외 지음 | 천성훈 감수

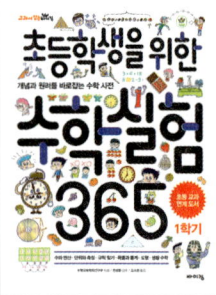
초등학생을 위한 수학실험 365 1학기
수학교육학회연구부 지음 | 천성훈 감수

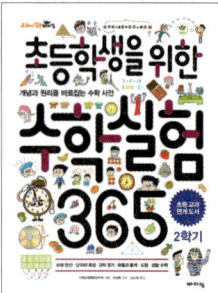
초등학생을 위한 수학실험 365 2학기
수학교육학회연구부 지음 | 천성훈 감수

초등학생을 위한 요리 과학실험 365
주부와 생활사 지음 | 천성훈 감수

초등학생을 위한 요리 과학실험실
정주현, 달달샘 김해진 감수

베스트셀러
초등학생을 위한 개념 과학 150
정윤선 지음 | 정주현 감수

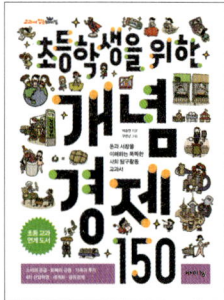
초등학생을 위한 개념 경제 150
박효연 지음 | 구연산 그림

초등학생을 위한 자연과학 365 1학기
자연사학회연합 지음 | 정주현 감수

초등학생을 위한 자연과학 365 2학기
자연사학회연합 지음 | 정주현 감수

베스트셀러
초등학생을 위한 개념 한국지리 150
고은애 외 지음 | 전국지리교사모임 감수

초등학생을 위한 개념 정치 150
박효연 지음 | 구연산 그림

초등학생을 위한 개념 국어: 고사성어
최지희 지음 | 김도연 그림

초등학생을 위한 교과서 속담 사전
은옥 글·그림 | 전기현 감수